당신을 괴롭히는 생각의 회전목마에서 뛰어내려라

지은이 **우테 라우터바흐**

고등학교에서 철학과 영어를 가르쳤다. 현재는 국내외에서 강연을 하고 저서를 집필하며 문제해결과 고통극복을 위한 개별 상담 및 집단 상담을 하고 있다. 그 외 철학입문코스를 맡고 있으며 정신과 에너지의 통합을 위한 교육과정에 참여하고 있다. 베스터발트 주 알텐키르헨에서 정신에너지 통합연구소를 운영하고 있다.

옮긴이 **추기옥**

동국대학교 정치외교학과를 졸업했다. 독일 하이델베르크대학과 괴팅겐대학에서 독일어 연수과정을 끝내고 한국외국어대학교 통역대학원 독일어과를 졸업했다. 현재 전문번역가로 활동 중이다.

내 안에 깃들인 유쾌한 참새와 함께하는 22단계 탈출전략

당신을 괴롭히는

우테 라우터바흐 지음 / 추기옥 옮김

생각의 회전목마에서 뛰어내려라

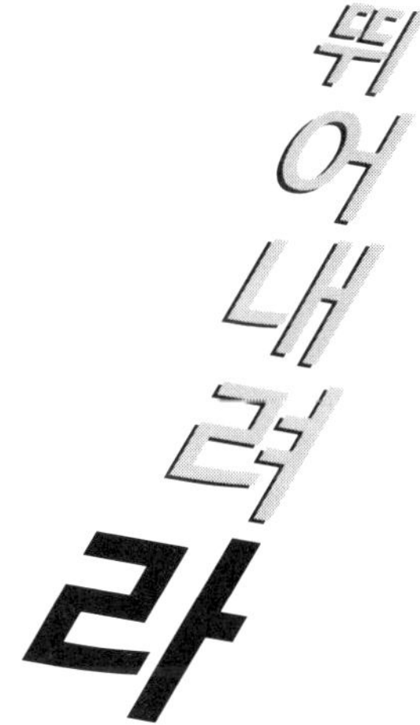

들녘미디어

생각의 회전목마에서 뛰어내려라

ⓒ 들녘미디어 2004

초판 1쇄 발행 | 2004년 6월 30일

지은이 | 우테 라우터바흐
옮긴이 | 추기옥
펴낸이 | 이정원

펴낸곳 | 도서출판 들녘미디어
등록일자 | 1995년 5월 17일
등록번호 | 10-1162
주소 | 서울시 마포구 합정동 366-2 삼주빌딩 3층
전화 | 마케팅 02-323-7849 편집 02-323-7366
팩시밀리 | 02-338-9640
홈페이지 | www.ddd21.co.kr

값은 뒤표지에 있습니다. 잘못된 책은 구입하신 곳에서 바꿔드립니다.
ISBN 89-86632-07-1 03850

다그마 O.를 위해

그녀의 탁월한 자극과 명료성,
솔직성 그리고 간결성에 대해
감사 드리며

차 례

출발점에서 9

나를 향해 가는 길 16

의식 혹은 생각 22

무엇이 우리를 고민하게 하는가? 27

내면을 오염시키는 생각의 회전목마 33

　머릿속에서 어떤 일이 벌어지나? 35

　평가와 분류에서 벗어나려면 40

　기쁨을 키우려면 46

　아무것도 아닌 존재가 된다는 것 51

　현재로부터 도망치려는 자신을 관찰하라 60

　다음에 떠오르는 생각을 기다려라 65

　자아를 깨어 있게 하라 70

　자동적으로 맴도는 생각에서 탈출하기 75

정상적인 괴로움 다스리기 81

　불유쾌한 상황에서 탈출하기 82

　사랑하는 사람을 잃었을 때 89

　불안감 털어내기 95

스스로 만든 괴로움 없애기 100

감정적 · 정신적 발작에서 빠져나오기 103

불행에서 벗어나는 방법 110

스스로 만든 괴로움에 맞서라 115

걱정에서 자유로워지려면 120

기다림에서 벗어나기 125

현재에 닻을 내려라 131

현재의 닻으로서의 육체 133

현재에 온몸을 던져라 141

긴장의 이해 146

겉모습에서 벗어나라 154

현재를 따라잡을 수 있는 속도로 살아가기 160

현재의 힘을 느끼려면 166

그곳에 머무르기 172

탈출동기 176

의식 혹은 생각 176

정상적인 괴로움 다스리기 180

스스로 만든 괴로움 없애기 182

현재에 닻을 내려라 186

출발점에서

우리들 대부분은 모든 생명체들과 조화를 이루지 못하고 있다. 행복감, 내면의 평화, 생의 기쁨들은 결코 오랫동안 머무는 손님이 아니다. 우리를 훼방 놓고 신경 쓰이게 하는, 사소한 것들은 넘쳐난다.

- 바로 코앞에서 빼앗겨버린 주차공간

- 통화가 곤란한 상황일 때 걸려온 전화

- 불친절한 점원

- 당신이 바로 2분 전에 이야기한 아이디어를 마치 세상에 둘도 없는, 자신의 아이디어인 양 입에 거품을 물고 떠들어대는 파트너

- 모욕당한 눈길로 쏘아보는 여자 친구

- 화가 나서 펄펄 뛰는 사장

- 예기치 못한 주문

• 장밋빛 예상과 다른 엄청난 결과

이처럼 누구나 기분을 망치는 일들의 리스트를 가지고 있다. 이들은 내면의 평화를 방해하고 우리의 생각과 느낌을 꼼짝 못하게 붙잡아맨다. 우리는 이런 훼방꾼들을 떠나보내기 위해 노력해야 하는 입장이거나 아니면 그런 입장조차 못되는 경우도 있다. 예를 들어 질투심이 뼛속 깊이 파고들면 생각이 꼬리에 꼬리를 물고 다른 생각들을 만들어낸다.

다르게 표현하면, 우리는 우리의 생각과 느낌을 자신과 동일시한다. 즉, 우리가 생각하고 느끼는 것을 자기 자신으로 믿는 것이다. 물론 이 모든 것이 자발적인(건설적이고 창의적이며 영감靈感에 의한) 생각이나 기쁨, 사랑, 흥미, 열정, 명랑함에 의한 것이라면 받아들일 수 있을지 모른다. 그러나 우리가 스스로의 생각과 감정을 지배하는 것이 아니라 거꾸로 생각과 감정의 지배를 받아 원하지 않는 반응의 희생물이 되어야 한다면 그 사실을 받아들일 수 있겠는가? 그리고 과연 그것이 진실된 것인가?

자신 때문이 아니라 가장 사랑하는 사람 때문에 화가 나서 괴로워할 때 받는 느낌을 우리는 알고 있다. 우리는 대화를 하면서도 "정신이 하나도 없어", "더 이상 못 하겠어", "내가 내가 아니야", "내가 누군지 모르겠어"라는 말들을 쉽게 하곤 한다.

그러나 다행히 우리는 스스로의 꼭두각시 노릇을 하는 희생물이기도 하지만 주체적으로 행동하는 배우이기도 하다. 우리가 절실히 알고 싶은 것은 그런 영향을 적게 받을 수 있는 방법은 없는가이다. 생의 순수한 즐거움을 오랫동안 누릴 수 있는 방법은 없을까?

어떻게 하면 원하지 않는 생각의 회전목마에서 내릴 수 있을까?

출발점에 좀더 머물러보자. 앞에서 살펴보았듯 우리는 문제를 내 것으로 받아들이는 특징이 있었다. 예를 들어 연인이 내 생일을 잊어버렸다면 기분이 언짢을 수 있다. 하지만 그 때문에 몇 시간 또는 며칠 동안 기분이 나쁘다면 나는 연인의 건망증과 내 상상의 이중 희생자가 된다. 그에게 내 생일보다 더 중요한 것이 있나, 그의 기억력이 나쁜가, 내 생일 파티를 열어줄 형편이 안 되나, 내가 해준 것이 없어서 그런가 등등을 생각하게 된다. 어떤 이유 때문이든 그것은 그의 문제지, 내 문제는 아니다!

내 문제로 받아들인 결과 우리는 생각의 회전목마에서 내리지 못하게 된다. 우리는 '야비하게도' 항상 머릿속에서 평가하고 비판하며 판정하고 (두 사람을) 비교하며 한탄한다⋯⋯. 원하지 않는데도 우리 머릿속을 맴도는 생각들은 옛 상처와 결합하여 소리를 내고 게다가 독이 든, 이러한 과거의 폐기물이 해석과 평가의 다리가 되어 과거와는 전혀 다른 현재를 지배한다. 이렇게 되면 우리가 극복하지 못한 영혼의 찌꺼기가 미래에까지 투사된다. 이 말은 '걱정을 하게 된다'는 의미이다. 걱정은 정말 의미 없는 짓이고 걱정했던 일은 일어나지 않는다는 것을 알면서도. 이처럼 원하지 않는 것들로부터 벗어나기 위해서는 연습이 필요하다. 불행히도 우리는 현실에서 우리를 압박하여 우리의 가능성을 축소시키는, 제한된 시야와 환경에 갇혀 있다. 그것은 허깨비이며 축소된 자아에 불과한데도 우리는 제한된 시야와 환경을 자신과 동일시한다. 이렇게 고통받는, 축소된 자아를 에고라 부르자. 에고와 자아를 구별하면 13쪽 표와 같다.

요약하면 현재의 우리는 에고에 사로잡힌 채 많은 문제를 개인적인 것으로 수용하여 불안해하며 방어적이 된다. 또한 그에 맞춰 일방적으로 해석한다. 또한 스스로를 이성을 갖춘 '창조의 왕'으로 멋대로 상상하면서도 스스로가 '최악의 적'이 되는 정신적 혼란에 빠진다. 이때 지성知性을 잘 활용하는 것이 좋다.

다음과 같이 우리가 원하지 않는 상황을 상상해보자. 지하실에 쥐 두 마리가 있다. 당신은 어떤 반응을 보일 것인가? 그렇다, 모든 사람은 각기 다른 반응을 보일 것이다. 헬무트는 자신이 사냥꾼이 되었다고 상상하고 이 상황을 즐길 것이다. 노라는 이 상황이 좀 부담스럽기는 하지만 즉시 정보를 모아 전문가를 부를 것이다. 엘비라는 그동안 갈고 닦은 피리 솜씨를 발휘할 때가 되었다고 생각할 것이다. 발터는 즉각 생각의 회전목마에

에고	자아
고통받는 희생자	건설적인 배우
원하지 않는 생각	깊은 직관과 영감
원하지 않는 감정	원하는 느낌
과거와 결합된 자신의 경험과 시각을 자신과 동일시	자유
평가, 해석함	착각하지 않고 투사하지 않는 평온함
배제, 축소	전체
과거, 미래	현재
기능, 좌충우돌	충만한 행위, 창의적인 활동
행운, 불운	행복감
(다른 사람의 의견 등에) 구속	독립
참새를 가지지 않음	참새를 가짐

몸을 던진다.

"쥐 두 마리! 아직 지하실에 있지만 곧 위층까지 올라올 거야. 전선이란 전선은 모조리 갉아버리겠지. 그 괴물은 모든 것을 망쳐놓고 계속 번식해서 이 집을 살 수 없는 곳으로 만들 거야. 거리란 거리는 쥐로 덮이겠지. 아, 거리까지! 어쩌면 전 도시가 쥐로 들끓을지도 몰라. 식수는 물론 생명까지 위협할지도 몰라!"

발터는 불면의 밤을 지새우며 아무 일도 못하고 쥐 두 마리는 그의 머릿속에서 백 마리로 불어난다.

동일한 상황에 놓였지만 헬무트는 건설적인 배우, 발터는 고통받는 희생자로 볼 수 있다. 물론 헬무트가 사냥꾼으로 성공하기 위해서는 지성이 필요하다. 헬무트와는 달리 발터는 자신이 원하지 않는 끔찍한 생각의 고리에 갇히게 되었다. 발터가 걱정이 많다거나 고통스러운 것처럼 보인다고 해서 그의 지성을 비난할 수는 없다. 오히려 우리는 그를 최고로 대우해줄 수도 있다. 가끔 그에게서 주인으로서의 권리를 빼앗아 참새에게 던져버리는 것도 최고의 대우에 속한다. 어쩌면 참새는 우리가 생각의 회전목마에서 내릴 때 날개를 빌려줄지도 모른다. 참새는 우리가 그 부담스러운 생각들을 여유롭게 무無로 흘려보내도록 도움을 준다…….

여기서 잠깐 참새에 대해 좀더 구체적으로 소개하겠다. 우리 중 누군가는 '참새'를 가지고 있고 누군가는 가지고 있지 않다. 뭐라고 할까? "그 또는 그녀는 참새를 한 마리 가지고 있다." 보통 참새를 가지고 있는 사람은 자신이 참새를 가지고 있다고 말하지 않는다. 어쩌면 당신이 아는 사람 중에도 참새를 가지고 있는 사람이 있을지 모른다. 어쩌면 당신도 스스로는 느끼지 못하지만 참새를 가지고 있을지 모른다.

참새를 가지고 있는 사람은 홀가분하고 자유로우며 현재에 만족하고 영감이 넘치는 창의적인 삶을 산다. 참새를 무시하는 아웃사이더는 참새를 경멸한다. 왜냐하면 참새는 통제받고 강제성을 띠는 모든 생각과 사건들을 진지하게 받아들이지 않기 때문이다. 참새를 가지고 있는 사람은 웃기는 사람으로 생각될지도 모른다. 참새를 가진 사람들이 다른 사람들에게 위협이 되는지 묻는다면 우리는 아니라고 대답할 수 있다. 오히려 참새는 상황을 부드럽게 만든다. 위협을 받는 것은 참새로 인하여 제 궤도를 잃게 될 생각의 회전목마뿐이다.

출발시 우리의 상황은 분명하다. 우리는 여러 계기에 의해 원하지 않는 생각의 회전목마 속으로 미끄러져 들어가 자유, 생의 기쁨, 주인의식을 잃게 된다. 이런 상황에서 추구해야 할 목표는 무엇인가?

나를 향해 가는 길

우리의 목표는 앞에서 소개한 자아의 매력적인 특징에 좀더 접근하는 것이다. 즉 에고 스트레스에서 벗어나 자아로 다가가는 것이다! 긴장과 머릿속 회전을 줄이고 더 큰 내면의 평화를 얻는 것이다. 이러한 목표를 달성하기 위해 주지해야 하는 사실은 두 가지이다. 첫째 우리는 현재에 살고 있으며, 둘째 우리는 우리 자아와 느낌 있는 교류를 하고 있다. 어떤 면에서 이 두 가지는 서로 전제조건이 된다. 느낌 있는 교류란 현재에서만 가능하기 때문이다.

바로 이 시간, 현재 깨어 있다는 것은 존재, 근본, 절대적인 것, 그리고 당신이 뭐라고 불러도 좋은, 당신만의 고유한 어떤 것과 교류한다는 것을 의미한다. 그러한 교류는 우리가 괴롭지 않은 상태에서만 가능하다. 즉 생각의 잡동사니와 자신을 동일시하지 말아야 하며 에고의 환상에 사로잡혀 있지 않아야 한다. 생각 혹은 의식! 생각이 의식을 전제로 하는 것은 당연한 일이다. 그러나 의식은 생각을 필요로 하지 않는다. 아무런 생각이 들지 않는 바로 그 순간 우리는 자아의 내면에 들어간다. 우리는 괴로운 생각들을 떨쳐버리고자 술, 일 등등에 빠져보지만 헛수고일 뿐이다. 다른 무언가에 빠져드는 행위는 괴로운 생각뿐 아니라 자아에 머물기 위한 조건인 깨어 있는 상태도 잃게 만들기 때문이다. 초개인심리학자인 켄 윌버에 따르면 행복감은 정신적 잠재력을 초超 이성적으로 감소시키는 것이 아니라 에고 중심적인 구속에서 이성을 통한 해방을 의미한다. 즉 후퇴가 아닌 전진!

'자아에 머물기'는 내가 더 이상 스스로의 방해물이 되지 않음을 의미한다. 즉 삶에 있어서 나와 가장 많이 접촉하는 사람은 나라는 의미이다. 자아에 머문다는 말은 자신의 가치, 조건, 희망, 필요, 성격에 머문다는 의미가 아니라 오직 자기 자아에 머무는 것을 의미한다. 선禪에서는 '너의 어머니와 아버지가 태어나기도 전의 원래 얼굴'이라고 한다.

자아에 머물기, 자아성찰, '깨달음', 존재와의 결합 등의 경험은 제거해야 할 대상이 아니다. 그러한 경험은 우리 모두에게 친숙하며 우리에게 신뢰감을 준다. 그런 경험들은 시간 속에서 건져 올린, 존재의 귀중한 순간들이다. 즉, 우리는 수평선 상의 시간 속에서 꺼내 올려지고 24시간 주기로 되풀이되는 시간 대신

정지된 현재, 시간이 존재하지 않는 지극히 행복한 순간에 머물
게 된다. 이러한 순간, 분, 시, 날들은 특징이 있다.

- 대부분 갑작스럽게 일어나며
- 뇌가 맴을 돌지 않게 해주고
- 우리의 관심, 간단히 말해 우리 자신으로부터 발생하며
- 형언할 수 없는 생의 기쁨을 경험하게 하며
- 시간은 정지된다.

원하지 않는 생각의 회전목마에서 뛰어내려 더 많은 마음의 여
유를 얻는 것, 그것은 우리가 추구하는 가치 있는 목표이다. 그
말은 자아에 방해가 되지 않음으로써, 에고의 행패를 줄임으로써
더 많은 행복감을 얻는다는 뜻이다. 스물두 가지 구체적인 전략
으로 그 행패를 없애기 전에 우리가 생각의 회전목마에 오르게
될 위험을 확실하게 줄일 수 있는 근본적인 계책을 살펴보자. 우
선 우리가 변화시킬 수 있는 것과 변화시킬 수 없는 것을 구별해
보자. 우리가 일정 범위에서 변화시킬 수 있는 것은,

- 나 자신
- 특정 환경

우리가 변화시킬 수 없는 것은,

- 과거

- 많은 외적 환경
- 자연환경
- 타인의 태도와 특성

변화시킬 수 없는 것을 변화시키고자 할 때 무력감에 빠지게 되고 그 결과 현실과의 싸움을 피할 수 없게 된다. 이때 현실이 승리하는 것은 당연한 것이다. 현실에 대한 쓸데없는 저항은 생각의 바퀴를 돌린다. 구체적인 설명을 위해 두 가지 예를 들겠다.

1. 엘비라는 연인인 빌리가 매주 토요일 자발적으로 일주일치의 음료수를 사오고 잔디를 깎고 쓰레기를 버리도록 5년째 공을 들였다. 그럼에도 그가 변하지 않자 엘비라는 그것을 거부로 해석하고(!) 끝없는 생각의 회전목마에 올라타고야 만다. 그를 교육시키려 함으로써 빌리의 능력의 영역을 침범한 그녀, 실패는 이미 예정된 것이었다. 그녀는 사신의 의지로도 능력으로도 어쩔 수 없는 것을 이루려고 쓸데없는 노력을 기울인 것이다.

2. 베르너는 휴가지의 날씨가 나빠 화가 났다.

   "스페인으로 떠났어야 했는데. 이 망할 놈의 비! 엘케는 어떻게 스코틀랜드에서 휴가를 보내라는, 그런 말도 안 되는 아이디어를 낼 수 있지?"

   '스페인, 비, 엘케'를 주제로 수많은 생각을 하며 그는 점점 마음의 여유를 잃고 휴가를 망치고 있다. 그는 스코틀랜드의 기후라는 현실을 상대로 싸움을 벌여 패배했다. 또한 자신이 지금 스페인이 아닌 스코틀랜드에 있다는 사실과도 싸움을 하고 있다. 자신이 할 수 있는 범위에서 주위를 둘러보고 주어진 환경에서 최선의 휴가를 보낼 방법을 구체적으로 생각하는 대신 엘케를 희생양으로 만들고 있다. 자신이 처한 환경에서 최선의 휴가를 보낼 방법을 생각할 때 그의 생각은 건설적인 방향으로 전환된다.

끝없는 생각의 회전목마, 즉 에고 스트레스를 끝내기 위해서는 우리가 변화시킬 수 없는 것에 머물고 있지는 않은지, 어떻게 하면 변화 가능한 것을 찾을 수 있을지 깊이 생각하는 것이 도움이 된다. 현실과의 싸움이 무가치하다는 사실을 깊이 이해하고 그 결과가 가져오는 잘못된 행보를 멈추면 된다. 우리는 다음과 같은 질문을 항상 염두에 둠으로써 원하지 않는 생각들을 애초에 피하거나 깨뜨릴 수 있다.

- 지금 나는 내 능력 범위 내에 있는가? (그렇다면 앞으로 전진하여 행동에 옮기고 건설적으로 생각하라.)
- 지금 나는 낯선 사람, 과거, 자연환경과 맞닥뜨리고 있는가? (변화시키려는 어떤 시도도 내 능력 범위 내에 있지 않고 내 생각은 현실에서 매번 무참히 깨지며 무력하게 생각의 회전목마를 타는 데 에너지를 소비하고 있다.)

자신의 구역 안에 있는지, 자신의 주체적인 행동영역 안에 있는지 등을 직시함으로써 우리는 이미 일정 부분 주인의 권리를 확보한다. 일정한 거리를 확보하면 생각의 회전목마가 자동적으로 작동되는 것을 막을 수 있으며 에고를 전제조건으로 하는 회전목마는 회전력이 약해진다! 생각의 회전목마가 에고를 전제조건으로 하는 이유가 뭐냐고 묻는다면 작은 실험이 그 대답을 줄 것이다. 어떤 여행객의 짐이 항공사측의 실수로 호놀룰루에 도착했다는 소식이 전해졌다고 하자. 처음에 당신은 아주 무관심하게 그 소식을 들을 것이다. 그러나 그 짐이 바로 당신 것이라는 사실을 알게 되는 순간 모든 평화는 깨지고 당신의 에고는 날개를 퍼덕여 당신을 생각의 맴 속에 밀어 넣을 것이다.

다시 우리의 목표로 돌아가자. 생각의 회전목마, 에고의 행패에서 벗어나 거리를 두는 관찰법으로 주인의식을 회복하자. 앞에서 소개한 '자아'의 주인이 뇌사(13쪽 표).

괴로운 생각들을 비우고 싶지 않은 사람이 어디 있을까?

의식 혹은 생각

우리의 생각은 생각의 차원에서 해결되지 않는다.
_알베르트 아인슈타인

에고는 자신만의 행복을 위해 공격하고 몸을 숨겼다가 다시 공격하는 체스판의 말과 같다. 이 체스판의 말들은 적진에 서 있는 위협적인 말 주위를 심사숙고하며 빙빙 돈다. 자아는 체스를 두는 사람에 비유할 수 있다. 이 사람은 전체 놀이를, 말하자면 독수리의 눈으로 꿰뚫는다. 당당한 주인의 권리로 결정권을 행사한다.

마음의 평온을 얻는 데 결정적인 역할을 하는 것은 우리가 체스판의 말로 살 것인가 아니면 체스 놀이자로 살 것인가이다. 항공사측의 실수로 호놀룰루에 도착한 가방 이야기로 다시 돌아가자. 체스판의 말로 사는 사람은 자신을 가방과 동일시하여 이렇게 반응한다.

"아니, 너, 이런, 내 가방이 없어졌어! 여행이 엉망이 됐어(비현실적인 과장)! 너무나 실망스러워(일방적 평가)! 이 멍청한 항공사

(항공사를 희생양 삼아 자신은 책임에서 벗어난다)……".

좀더 의식이 있고 좀더 주체적이며 좀더 거리를 유지하는 주인의 태도는 이럴 것이다.

"아, 내 가방이 호놀룰루로 갔구나(현실의 인정). 그럼 어떡한다(자신의 자원을 활성화시키려는 질문)? 짐을 찾아 보내달라고 해야지. 우선 필요한 물건을 몇 가지 사고 당분간 간편하게 여행하는 거야."(실행 가능하고 필요한 일들을 목표로 정함으로써 상황은 긍정적인 방향으로 나아가게 된다.)

'의식 혹은 생각'이라는 주제를 좀더 살펴보자. 생각과 감정이 그늘지지 않은 자아는 순수한 현재 그 자체이며 그 안에는 개인의 평온, 생의 기쁨, 자유, 흑이 이기든 백이 이기든 상관하지 않고 놀이 자체를 즐기는 순수한 즐거움이 들어 있다.

우리는 의식을 있는 그대로 이해할 수 있다. 나는 정말 의식하고 있으며, 내 존재에 대해 의식하고 있다. 아니면 일상적인 말로 어떤 일을 정말 의식하고 한다는 말은 주의가 분산되지 않은 완전한 상태에서 일을 한다는 말로서, 생각이나 감정이 제 궤도를 이탈하지 않은 상태에서 그 일을 수행한다는 뜻이다. 내가 의식이 있다는 말은 내가 정말 현존現存하고 정말 깨어 있으며 정말 그것에 머문다는 뜻이다. 현존이라는 말에는 현재에 존재한다는 뜻이 이미 내포되어 있다. 깨어 있음은 두 가지 카테고리로 구분된다. 첫째, 행위를 함에 있어 깨어 있을 수 있으며, 둘째 그냥 단순히 깨어 있을 수 있다. 후자와 관련하여 자주 인용되는 데카르트의 유명한 말이 있다.

"나는 생각한다, 고로 존재한다."

데카르트는 우리가 우리에게 의미를 부여하는 모든 것에 의심을 품을 수 있다는 것을 그렇게 줄여서 표현했다. 노루인 줄 알았는데 나무둥치를 '노루'로 잘못 본 것일 수 있다. 이와 같이 모든 판단은 잘못될 수 있다. 데카르트에 의하면 우리가 의식을 가지고 있다는 사실만이 의심을 일으키지 않는 유일한 것이다. 이러한 획기적인 인식을 통해 의식은 그 나름의 독특하고 새로운 가치를 갖게 되었고, 철학은 근대로 전환점을 맞았다. 너무나 획기적인 이러한 인식 덕분에 물질만이 진짜라는 단순한 물질세계관에 의식이 동등한 크기로 (더 크지는 않다 하더라도!) 대적하게 되었다. 켄 윌버는 이렇게 요약한다.

"어떤 것의 내부는 의식이며, 외부는 형식이다……. 그것의 내부는 깊이이며, 외부는 표면이다."

생각의 회전목마와 에고에서의 해방이 우리의 지대한 관심거리이다. 앞으로 살펴보면 알겠지만, 바로 이때 의식은 탄탄한 구원의 밧줄을 우리에게 던진다.

'의식 혹은 생각'으로 가는 길에 자유의 몸이 되려면 의식과 생

각을 따로 구분해야 한다. 무엇보다도 '생각'이라는 총체적 의미
는 여러 형식으로 구분할 수 있다. 생각을 한 가지 형식으로만 보
면 생각의 회전목마를 벗어나지 못하고 삶에 부정적인 영향을 받
기 때문에 여러 가지 상이한 생각의 카테고리를 구분하는 법을
정확하게 이해해야만 한다. 그래야만 해로운 생각들을 효과적으
로 뛰어넘을 수 있다. 차이점을 알아보자.

영감적인 생각은 음악을 작곡하거나 화단을 꾸미는 등의 창조
적인 행위를 할 때 필요하다. 이러한 행위는 고무적이며 우리를
풍부하게 한다. 생의 기쁨에 어떤 나쁜 영향도 끼치지 않는다.

추상적인 생각은 구체적인 하나의 사건, 사물로부터 출발한
다. 현상 뒤에 일반원칙이 숨겨져 있는 것을 의미한다. 따라서
이런 생각은 구체적인 세부사항에 얽혀 있는 좁은 시야가 아니
라 상위上位의 시각을 필요로 한다. 이것은 어떤 형태를 띠든, 형
식학문적이든, 정신과학적이든, 자연과학적이든, 그 무엇이든
우리에게 넓은 시야와 객관적 거리감을 부여하고 고도의 자발성
을 특징으로 하며 효과적이고 유용하다.

환상적인 공상과 몽상은 우리들의 성장과 함께 해왔고 시야를
넓혀주며 생의 즐거움을 만끽하게 해준다.

목표지향적 생각은 구체적인 일상 업무의 수행에 적합한 것으
로, 기본욕구를 합목적적으로 충족시키고 일상생활의 부담을 축
소시켜 우리의 삶을 단순화한다.

부담되는 생각은 마음의 평온과 생의 즐거움을 죽이는 비생산적인 것으로 우리가 원하지 않는데도 찾아온다. 대개 스스로의 동인動因에서 출발하여 우리의 머리와 감정 속에 머물며 지나치게 자주 맴을 돈다. 즐겨 나타나는 현상은 다음과 같다.

- 아, 도대체 어찌 되려고. (미래에 대한 걱정)
- 아니, 정말 너무 심했어. (섭섭함, 앙심, 잘못에 대한 끝없는 지적, 공포가 되풀이될 것을 염려해 적당한 방어체제를 갖추려는 노력)
- 오, 저런, 정말 좋았어. 하지만 이미 지나갔어. 다시는 안 올 거야. (현재와 미래의 새롭고 아름다운 전망에 대한 장애)

부담이 되는 생각은 대단히 잘난 척하기 때문에 실천 편으로 들어가기 전에 우선 그 배경을 이해해야 한다.

생각의 회전목마에 올라타고 싶은 사람이 어디 있겠는가? 부담되는 생각을 털어버리자!

무엇이 우리를 고민하게 하는가?

앞서 우리는 고민거리가 현재와는 아무런 건설적인 관련도 맺고 있지 않음을 보았다. 미래를 떠도는 이런 생각들은 현실적으로 결코 생명력이 없으며 걱정과 두려움의 투영면投影面으로서 현재를 황폐화시키고 기회를 놓치게 한다. 또한 과거에 달라붙어 현재로의 진입을 막는다. 현재는 우리가 삶을 누리고 만들어나가며 완전하게 느끼는 유일한 시간이기 때문에 대단히 유감스러운 일이 아닐 수 없다.

생각이 과거, 미래, 위험, 불안, 걱정 사이를 떠돌기 때문에 현재를 심도 있게 경험할 수 없다. 이렇게 현재를 막아버리는 짐스러운 생각들을 털어버리는 것이 왜 그렇게 어려운가? 이러한 비생산적인 특성 뒤의 정신분석적 메커니즘은 이렇다. 어디에도 얽매이지 않던 우리의 생각은 어떤 환경에서 어느 순간 막히게 된다. 나쁜

경험을 하면 우리는 다시 반복하고 싶어하지 않는다. 또한 과거의
상처가 다시 나타나지 않도록 주의하게 된다. 예를 들면,

- 다시는 다른 사람들의 놀림감이 되지 않는다.

- 다시는 자존심 상하는 일을 당하지 않는다.

- 다시는 버림을 받지 않는다.

- 다시는 바보 취급을 당하지 않는다.

- 다시는 다른 사람들의 입방아에 오르내리지 않는다.

- 다시는 속지 않는다 등등. 우리는 누구나 자신만의 목록을 가지
  고 있다.

이렇게 주의를 하면서 우리는 선택적으로 수용하게 된다. 최악
의 상황이 되풀이되는 것을 예방하기 위해 수용의 폭을 좁히고
방어체계를 굳히며 세계관을 고정시킨다. 즉 우리는 옛 상처를
피하려는 노력을 하면서 다시 그 상처를 불러들이고 있다. 그러
한 상처의 재현은 무자비하고 추잡하여 그로 인해 우리는 더 똑
똑해지는 것이 아니라 오히려 더 어리석어지고 상상 속의 '보호'
와 방어 메커니즘은 더욱 고착된다. 상처가 재현되는 상황이라면
아래와 같은 문구들을 생각하며 스스로를 자유롭게 할 수 있다.

- 실패는 경험하라고 있는 것이지 피하라고 있는 것이 아니다!

- 긴장을 풀고 불안을 대하라!

- 실수를 즐겨라!

- 스스로 불공정하다고 탓하지 말자.

- 겁에 질린 자에게 기회를 주자!

- 나는 내게 모든 걸 투자하고 있다.

- 지금껏 피해왔던 것과 반대되는 것을 주소서!

- 수치심도 즐기자.

- 간교한 사람들의 악행을 스포츠를 하듯 가볍게 대한다.

낙원과 같은 휴양지에서 지금 막 툴툴거리기 시작한 브룬힐트의 예를 살펴보자. 바다는 맑고 파란색이며 태양은 빛나고 다른 관광객들도 없어서 모든 것이 환상적이다. 단지 그녀가 이런 생각만 안 한다면. 이웃집 여자에게 열쇠를 맡기기로 했는데 제자리에 두고 왔는지……. 그녀는 확신이 서지 않는다. 이웃집 여자에게 전화를 걸 수도 있지만 어쩐지 자신이 한없이 어리석게만 느껴진다. 예전에 아버지가 그녀를 항상 어리석다고 몰아세웠기 때문에 다시는 자신이 어리석다는 생각을 하고 싶지 않았음에도 말이다. 그녀는 이웃에게 전화를 걸어서 자신이 불안해하고 있는 것을 눈치채게 함으로써 예전에 맛본 그 고통을 다시 겪고 싶지 않았다.

그런데 그녀는 정말 열쇠를 제자리에 두고 왔는가? 열쇠를 두고 오지 않았다면 여벌의 열쇠를 가지고 있는 친구 페터에게 당장 전화를 걸어 이웃집 여자에게 열쇠를 맡기라고 할 수 있다. 페터도 믿을 수 없긴 하지만. 그녀는 3일 동안 이런 생각으로 끊임없이(!) 고민에 고민을 거듭하며 괴로워하다 결국 자신의 어리석음이나 건망증을 드러내지 않도록 주의한다는 확실한 목표를 세우고 이웃집 여자에게 전화를 건다. 그녀는 유년기의 모욕감을 다시 반복하고 싶지 않다! 다음은 그녀의 통화내용이다.

브룬힐트　안녕하세요? 슈나이더 부인. 저는 바그너, 브룬힐트 바그너예요.

슈나이더 부인　예, 안녕하세요? 바그너 양, 휴가지에서 전화를 걸었군요. 무슨 일이 있나요?

브룬힐트　아뇨. 모든 게 최고예요. 태양도 환하게 빛나고요. 댁은 어떠세요?

슈나이더 부인　예, 조금 그래요.

브룬힐트　(열쇠를 생각하며 걱정이 되어) 아니 왜요?

슈나이더 부인　막내가 홍역에 걸렸거든요. 하지만 곧 나을 테니 걱정 마세요. 그런데 무슨 일이세요?

브룬힐트　별일 없나 궁금해서요.

슈나이더 부인　아, 예. 별일 없었어요. 홍역말고는요.

브룬힐트　그럼, 다른 건요?

슈나이더 부인　(힘을 주어) 막내가 홍역에 걸리기 전까지는 아무 문제도 없었다고 좀 전에 말했을 텐데요.

브룬힐트 아, 네, 모든 것이요?

슈나이더 부인 바그너 양, 괜찮아요? 일사병에 걸린 것 아니에요?

이 대목에서 다시 과거의 상처가 반복되어 브룬힐트는 충격을 받는다. 그녀는 또다시 상처를 입었다. 그녀가 첫날 다음과 같이 통화를 했더라면 정신적 테러 세례를 피할 수 있었을 텐데.

브룬힐트 안녕하세요? 슈나이더 부인, 저 바그너예요. 제가 열쇠를 제대로 두고 왔는지 잘 생각이 나지 않네요. 제가 벌써 이래요. 치매가 오는 것은 아닌지!

슈나이더 부인 바그너 양. 걱정 말아요. 열쇠는 찾았어요. 여행 떠나느라 정신이 없을 때는 모든 것을 다 챙기기가 힘들지요. 나도 그렇답니다.

브룬힐트 아, 그럼 다행이네요. 고맙습니다!

슈나이더 부인 멋진 휴가를 보내고 건강하게 돌아오세요.

우리들의 방어조치, 보호조치가 우리들이 그토록 피하고 싶어하던 상황을 불러들였다는 사실은 어찌 보면 재미있기까지 하다. 첫 번째 통화와 그 통화를 하기까지의 고통스러운 일인극에서 브룬힐트는 상처가 재현될지 모른다는 공포에 압도됨으로써 불안 속에서 불쾌한 생각의 희생물이 되었다. 이로써 오랜 기간 형성된 에고가 그녀를 누르고 승리했다. 더 나은 가능성이 계획에 들어 있지 않았던 것이다. 브룬힐트가 이 책을 읽고 다음에 소개되는 묘책들을 수용했다면 원하지 않는 생각을 줄일 수 있었을 것이다.

내면을 오염시키는 생각의 회전목마

괴로운 생각을 어떻게 다루어야 할지 그 방법에 대해 배운 적이 없다는 사실이 놀랍지 않은가! 우리는 운전을 배우고 피아노와 테니스를 배우며 피자 굽는 법과 PC 사용법을 배운다. 우리는 무언가를 배울 때 익숙해질 때까지 연습을 계속한다. 그런데 원하지 않는 생각이 우리를 짓누르는데도 전연 무장이 되어 있지 않다는 것은 참으로 이상한 일이 아닐 수 없다. 사람들은 평정을 유지하라고 충고하면서도 그 방법에 대해서는 아무런 충고도 해주지 않는다. 우리 중 누구도 생각의 회전목마에 기꺼이 올라타려 하지 않는데도 말이다. 생각의 회전목마는 우리 내면에 광범위하게 침투하는 오염의 한 형태이다. 도와주자!

아래의 탈출동기는 네 가지 범주로 나누어진다.

1. 의식 혹은 생각

2. 정상적인 괴로움 다스리기

3. 스스로 만든 괴로움 없애기

4. 현재에 닻을 내려라

그리고 그 목표는 다음과 같다.

• 원하지 않는 생각의 회전목마에서 내리고

• 그렇게 함으로써 에고 중심적인, 체스판 말의 관점에서 벗어나며

• 나아가 유쾌함, 평정, 자유, 현재의 인식, 생의 기쁨이 증대된다.

• 그리고 무엇보다도 참새의 자유비행을 위해!

점프대에서 점프할 수 있는 기회를 잡느냐 잡지 못하느냐는 전적으로 우리의 내적·외적 현실에 달려 있다. 바꿔 말하면 우리는 어떤 이상을 향해 기어오르는 것이 아니고 불가능한 것을 요구하는 것도 아니며 우리 스스로의 힘으로 출발점에 서기 위해 모든 노력을 다하자는 것이다. 시도를 해야 성공도 우리 곁으로 다가올 것이고 괴로움과도 일정한 거리를 둘 수 있게 될 것이다. 재미를 느끼기 바란다!

머릿속에서 어떤 일이 벌어지나?

일차원적으로, 고통스러운 생각을 자신의 소리로 동일시하는 대신 이차원적인 변화, 즉 원하지 않음에도 우리 머릿속에서 확산을 거듭하는 생각을 체스 놀이자의 눈으로 관찰하는 수준에 올라서보자. 머릿속에서 나는 소리를 평가하지 말고 의식을 집중해 있는 그대로 받아들이자.

평가를 절제하려면 깨어 있어야 하며, 그래야만 관찰이 제대로 이루어진다. 이 전략은 관찰자가 깨어 있다는 사실과 깨어 있을 때의 생각은 그렇지 않을 때의 생각과 동일하지 않다는 사실에서 출발한다. 이로써 무자비하고도 무의식적인 생각의 소용돌이와 거리를 유지할 수 있게 된다. 이렇게 해서 강제적으로 진행되던 생각에서 벗어나 자유로운 관찰자로 중심점이 바뀌게 된다. 몇 가지 연습으로 관찰 단계를 강화하면 생각은 중지될 것이고 생각의 '혼란 속에 휴식처'가 생겨난다. 고요와 평화를 통해 경험하는 이러한 '휴식처'를 통해 의식은 빛을 발한다.

생각의 회전목마에 올라탔다고 판단되면 스스로에게 물어보라. "지금 나는 무엇을 생각하고 있지?" 그리고 '관심은 갖되 동참은 하지 않는' 방식으로 생각의 회전목마를 관찰하라. 이런 모순적인 표현은 노력하는 관찰자의 태도를 분명하게 보여준다. 잘못 운반

된 짐 때문에 여행을 엉망으로 망치는 사람이 있는가 하면 괴로워 하지도 않고 그 상황에 휩쓸리지도 않는 사람도 있으니 흥미롭지 않은가. 이렇게 생각하자. 짐은 그저 짐일 뿐이야!

그렇다면 브룬힐트는 이 전략을 어떻게 활용할 것인가? 지금 해변에 쪼그리고 앉은 그녀의 머릿속은 열쇠와 바보라는 단어가 가득 채워져 있다. "내 머릿속에서 무슨 일이 일어나고 있는지 한번 점검해보자"라고 말할 때 그녀는 이미 해변, 태양, 바다, 즉 현재의 존재를 잊은 상태이다. 그녀는 평가하지 않고 대조를 한다. 열쇠를 두고 오는 것을 잊었다, 그럴 리 없어, 불안, 아버지, 페터, 바보 취급, 멍청함, 이웃, 공포, 망신, 다시 아버지……. 그녀는 관찰을 계속하면서 불행한 느낌이 사라지고 그 다음에는 생각 자체가 사라짐을 느낀다. 그녀는 관찰자의 주인의식에서 나오는 힘을 느끼고 이웃집 여자에게 직접 전화를 한다. 브룬힐 트는 생각보다 자신이 훨씬 더 강함을 느낀다.

자기연구를 위한 질문

- 깨어 있는 상태에서 아무런 생각도 하지 않고 현재에 머물면서 나는 스스로를 누구라고 느끼고, 또 무엇을 느끼는가?
- "나는 이렇다"라는 것과 "나는 이렇고 저렇고…… 하다"의 차이 는 무엇인가?

머릿속의 소리를 의식적으로 있는 그대로 인정함으로써 생각의 회전목마에서 내려온 사람은 구속되지 않은 관찰자의 자유를 누린다.

이렇게 하자

우선 우리 안에 있는 관찰자의 위치와 구속되어 있는 부분의 차이를 구별한다. 불쾌한 생각에 더 이상 집중하지 않으면 중심점의 위치가 바뀐다. 우리 안의 관찰자와 우리를 동일시하고 개인적 구속을 초월하여 불쾌한 생각은 우아하게 무無로 떨쳐버리자. 켄 윌버는 그런 생각을 이렇게 표현했다.

"당신 안의 관찰자는…… 고립된 개인을 초월하여 의식의 광활한 지평을 열어준다. 여기서는 더 이상 개인의 몸과 정신에만 매달리지 않고 개인을 존중하거나 존중하지 않는 것이 문제되지 않으며 내게서 달아나는 기쁨, 그리고 고민은 더 이상 우리를 현혹하지 않는다. 사람들은 조용히 침묵 속에 서서 빛을 발한다. 사람들 위로 빛이 쏟아진다. 세상으로부터 오는 빛이 아니라 세상으로 나가는 빛, 우리를 통해 만물로 나아가는 빛이……."

생각을 떨쳐버리면 펼쳐지는 무無의 세계는 그림자가 생기지 않는 곳이기에 어쩌면 이 빛은 우리를 통해 만물로 비춰지지 않을까?

이 질문에 대한 당신의 생각

____

____

____

참새가 말한다

바로 그거야! 생각을 버리고, 그림자를 버리는 거야. 의식의 빛 속에 자유의 길이 있어. 빛 속에 머무는 기간이 길어지면 그만큼 축제도 길어지지. 그러나…….

더 큰 소리를 내자.

만약 생각이 맴돌지 않으면 참새는
용감해질 것이다. 생각이 항상
맴돌지 않는다면 무슨 일이
일어날까?

탈출동기 : 이면에 귀 기울이기

자신의 생각을 직시하고 수용하는 데
관심을 두는 사람은
생각에 거리를 둔다.

나는 내 머릿속에서
맴도는 소리의
이면에 귀 기울인다.

평가와 분류에서 벗어나려면

우리의 지성은 항상 인간과 사물을 평가하고 분류하려는 특성을 갖고 있다. 슈베르트 씨는 돌았어, 룩커슈타이크 부인에게선 이상한 냄새가 나, 북해의 날씨는 재앙 그 자체야. 이런 판정만으로는 유용한 정보를 얻을 수 없다. 좀더 자세히 살펴보면, 슈베르트 씨는 거실에서 고양이를 20마리나 키우고 있고 룩커슈타이크 부인의 향수에서는 오트밀 냄새가 나며 7월에 북해에서는 하루 평균 3시간씩 비가 온다. 이렇게 자세하게 묘사할 때 우리는 더 잘 이해할 수 있고 객관적으로 상황을 보게 된다.

지나치게 주관적일 경우 우리는 가치관에 맞춰 현실을 축소하고 그로 인하여 우리 자신의 가능성도 작아진다. 그러나 그 자체만으로 큰 문제가 되는 것은 아니다. 문제는 감정이 실린 일방적인 평가가 생각의 회전목마로 우리를 이끌며 심할 경우 우리의 생각을 맴돌게 한다는 점이다.

심리학적으로 볼 때 감정적인 평가와 분류는 중립적이고 평화로운 정신환경에서 나오는 것이 아니라 원망을 품은 좋지 않은 환경에서 생겨난다. 때로는, 앞서 소개한 것처럼 다른 사람의 정신영역에서 '희생양'을 찾는 상황도 발생한다. 자신에게 없는 능력을, 사랑하는 사람을 부정적으로 분류함으로써, 즉 타인의 능력을 시샘함으로써 보상받으려 한다.

생각의 회전목마가 감정의 힘으로 빨리 돌면 돌수록, 우리 주변 사람들에 대한 부정적인 평가가 심하면 심할수록 배척당한 우리의 일부는 자신에게로 관심을 돌리려 한다. 하지만 부정적인 분류와 원하지 않는 생각의 강도가 높아지는 한 그것은 불가능하다. 또한 평정, 생의 열정, 현재와의 만남, 자유 그리고 자아의 모든 특징들이 다시 한 번 사라져버린다. 이런 혼란을 없애기 위해 우리는 투사投射를 인지하고 거두어들이거나 평가와 분류를 있는 그대로 인정하고 격파해버려야 한다.

이렇게 해보자

첫 번째, 사람들은 평가를 즐긴다는 사실을 인식한다. 관찰자의 초월적인 차원에 서서 자신과 타인을 관찰하라. 아래와 같이 함으로써 높이 솟은 망루에서 두 번째 발걸음을 내딛으며 부정적인 분류에 대한 책임을 스스로 진다.

- 분류하기를 단념하거나
- 확실하게 세부를 묘사함으로써 분류를 객관화하거나
- 분류하되 더욱 의식을 모은다.

마지막 방법은 더욱더 세밀하게 관찰한 후 표현하는 것이다.

이런 방식으로 두 마리 파리를 한 번에 잡을 수 있다. 첫째는 생각의 회전목마가 자연히 멈추도록 의식을 집중하는 것이요, 둘째는 과장을 해서라도 좋지 않은 습관을 재미있게 바꾸는 것이다. 이로써 당신은 자신을 갉아먹는 것들을 제거하고 자기 내면에 쳐진 철조망을 뜯어낼 수 있게 된다.

이렇게 생각의 회전목마를 떠난 사람은 훨씬 더 평화롭게 살게 된다.

자기해방을 위한 질문

- 나는 어떤 지점에서 일방적 판단을 내리는가?
- 이러한 일방적 평가를 정반대로 표현하면 재미있지 않을까? "X는 정말 멍청이야"라고 하는 대신 "X는 정말 뛰어난 사람이야"라는 식으로.
- 부정적인 자기묘사를 긍정적인 것으로 바꾸면 어떨까?
- 의식적이든 무의식적이든 더 이상 분류하지 않고 내 세계를 확장시킬 수 있는 방법은?
- 가치판단은 그 어떤 것이든 어느 한 부분을 강조하기 마련이다. 전체를 얻을 것인가, 부분을 얻을 것인가?

브룬힐트는 아직도 해변에 앉아 자신을 분류하는 데 골몰하고 있다.

"나는 정말 형편없는 존재야. 열쇠를 제대로 두고 왔는지도 기억하지 못하고."

"아버지가 항상 말했듯이 난 진짜 속이 텅 빈 애야."

열쇠를 두고 오지 않았을지 모른다는 불안감이 정신을 마비시켜버리는, 간교한 효과를 발휘한다. 그 대가가 너무 크지 않은가! 우리는 한 조각의 불안감보다 훨씬 더 큰 존재이다!

이렇게 하자

다른 생각을 막아버리는 일방적인 평가는 전체 현실을 축소한 것으로 우리를 고통스러운 생각의 회전목마 위로 밀어 올린다. 무언가를 평가하는 생각 속에는 삶의 비밀이 설 자리가 없으니 유감이 아닐 수 없다. 폴란드의 풍자시인 레츠는 이런 생각들을 「수수께끼」라는 제목의 짧은 글에 멋있게 요약해놓았다.

"이름, 성, 생일, 출생지, 주소, 직업, 가족상황 등등에, 경찰에서 발행한 선행증서, 그 외의 공적인 개인 정보는 알려져 있다.

진짜 수수께끼는 이 사람이 정말 누구인가, 비밀 속의 그는 누구인가 하는 점이다.

그 수수께끼를 풀려고 국가기관은 많은…… 세월 동안 감옥을 만들었다."

전체를 얻으려는 노력은 정말 숨을 못 쉴 정도로 흥분되는 것일까?

당신의 대답

참새의 대답

에고는 전체 속에 침몰되기 위해 그곳으로 향한다. 그리고 그 것은 숨이 멎을 정도로 흥분되는 일이다!

생각이 가치판단에 집착하여 그 속에서 맴을 돌면······

우리 세계는 좁아진다.

너무 크다, 너무 작다, 너무 많다, 너무 적다,
너무 시끄럽다, 너무 조용하다 등 판단을
하는 마음으로는, 그렇게 미친 듯이
날뛰는 가운데에는 어느 누구도
행복한 참새소리를 듣지
못한다. 왜냐하면
세상은 우리에게
너무 검거나 너무 희기 때문이다. 아니, 세상은 총천연색이다.

탈출동기 : 세상을 화려하게 꾸미기

사물에 대해 반대로 이야기함으로써
나의 세상을
화려하게 만든다.

사물은 그 상태 그대로의 것인가?
아니면 우리 눈에 보이는 대로인가?

기쁨을 키우려면

쳇바퀴에 갇혀 원하지 않는 생각을 반복하는 사람은 결코 기쁨을 느낄 수 없다. 우리는 기쁨의 상태에서 에고 중심적인 모든 괴로움을 초월한다. 실러는 「기쁨, 아름다운 신들의 불꽃……」이라는 유명한 글에서 이런 영혼의 상태는 평범한 인간의 감정에서 솟아나지만 그 유래는 신들의 낙원이라고 했다.

생각이 쳇바퀴처럼 맴도는 비생산적인 상태를 떠날 때 기쁨은 괴로움의 해소제로 활용될 수 있다. 우리가 기쁨에 들어서는 순간 생각의 회전목마는 사라진다. 기쁨의 경험을 나중에 회상해보면 기쁨은 어떤 외적 동기 없이도 쉽게 우리 안으로 들어옴을 알 수 있다. 그리고 삶의 어떤 상황에서도! 그런 면에서 항상 외적 자극을 필요로 하는 오락과 구별된다. 실러와 우리의 경험에 기대어 나는 단호하게 정의내릴 수 있다.

기쁨은 상대적일 뿐 아니라 생의 순작용과 부작용에 복종한다. 기쁨이 가장 좋아하는 놀이터는 경쟁이 벌어지는 곳 밖이다. 촘촘한 생각의 격투장 대신 의식의 자유공간이 바로 그곳이다.

기쁨을 키워나가는 사람은 고귀한 내면공간을 향해 움직임으로써 경쟁적이고 상대적이며 단명한 오락의 통로에서 더 이상 허

우적대지 않는다. 그렇다고 오락에 반대하는 것은 아니다. 기쁨이라는 승리의 카드를 가슴에 지니면 오락에서도 더 큰 기쁨을 느낀다.

당신은 이렇게 기쁨 속으로 들어갈 수 있고, 생각의 회전목마와는 정반대점에 서는 내면의 기쁨을 키워나갈 수 있다.

- 기쁨에 집중하는 것만으로도 기쁨 속에 성공적으로 안착할 수 있다. 이것은 내면적으로 이유 없는 기쁨의 상태에 들어가는 것이다. 특별하지만 별 내용 없이 기쁨을 내면에 지니는 것이다.
- 아니면 아래의 질문에 대답해봄으로써 실질적인 방법을 찾을 수도 있다.

  _ 나는 언제 내적 기쁨을 느끼며 느꼈는가?

  _ 그 순간의 특징은 무엇인가?

  _ 내 삶에서 바뀌어야 하는 것은 무엇인가? 기쁨이 들어갈 수 있도록 내면 공간을 좀더 넓히기 위해 나 자신이나 내 삶은 어떻게 바뀌어야 할까?

- 당신은 또한 순수한 기쁨의 날들을 불러들일 수 있다. 이런 때 다른 것들은 전혀 중요하지 않다.

조건 없는 기쁨을 누리는 사람은 자신의 집이 호놀룰루에 가 있다고 해도 그 사실을 재미있게 여길 수 있을 만큼 충만하다.

브룬힐트는 열쇠와 바보라는 단어로 뒤덮인 생각들을 내면으로 풀어버린다. 그녀는 휴가, 태양, 바다, 해변, 휴식 등 이상적인 외적 환경에 놓여 있지만 기쁨에 집중할 수 없다. 그녀는 앞서 소개된 질문에 답을 하면서 머릿속을 비우면 내적 기쁨을 느낄 수 있다는 확신을 갖는다. 그래서 그녀는 즉시 이웃집 여자에게 전화를 하기로 한다. 그후 그녀는 두 배로 즐거워졌다. 첫째 그녀는 이웃과의 전화통화를 계속 미루면서 초조해하지 않아도 되고, 둘째 그 덕에 모든 것이 정리되었기 때문이다. 이제는 기쁨이 자리를 찾았다. 브룬힐트는 기쁨의 휴가를 선택한다. 생각의 회전목마는 즐거움을 주지 않기 때문이다.

이렇게 하자

'기쁨의 기차'를 달리게 해서 기쁨이 다른 모든 것을 어떻게 압도하는지 느끼고 경험하자. 더 이상 외적 만족을 구하지 말고 모든 행복의 핵심이 되는 이유 없는 기쁨을 구하자. 이런 종류의 기쁨은 다른 어떤 것보다도 값지다. 릴케는 이렇게 썼다.

"모든 기쁨의 실제는 묘사할 수 없다……. 기쁨은 이미 존재하고 있는 기쁨을 놀랍도록 배가시키고 무에서 성장을 하게 한다. 원칙적으로 우리는 행복에 흠뻑 빠지지 못하며 행복이 지속되는 시간이 얼마나 될지 즉각 고민을 시작하기 때문이다. 기쁨은 한순간이고 의무적이지 않으며 즉각적이고 멈출 수 없으며 다

시 잃을 수 없는 것으로, 그 감동 속에서 우리의 실체는 어느 정
도 화학적으로 변화하고…… 새로운 혼합 속에서 스스로를 희생
하며 즐기는……"

아무런 노력을 하지 않아도 기쁨으로 들어갈 수 있는 지름길,
그 길이 아주 평탄해야만 하는 이유는 무엇인가?

당신의 대답

____

____

____

참새의 대답

나는 그 질문을 이해하지 못하기 때문에 대답하는 것도 어렵지
않아. 나는 석정거리를 털어버려. 그리고 모든 것이 쉽고 간단한
것에 기뻐하지. 참새를 갖고 있지 않는 사람들은 내가 너무 가볍
다고 생각하는데 사실 나는 아무것도 하지 않기 때문에 이 말은
틀린 거야. 그리고 너무 가볍다는 것 역시 어려운 일이야. 그저
단순하게 가벼운 것. 햇살처럼 분명하지 않은가. 그러나…….

생각이 기쁨의 주위를 맴돌면……

기쁨을 아주 많이
빼앗아갈 것이다.

생각의 참새는 날개를 퍼덕이며

빙글빙글 돌다 기쁨이 담겼던

적이 없는 찻잔이

가득

한

찬장 안에 갇히고 말았다.

탈출동기 : 환희에 가까운 기쁨

나는 이유 없이 기쁘다.

이유가 있을 때만 기뻐한다면
가슴 속에 있는
놀이터를 잃게 된다.

아무것도 아닌 존재가 된다는 것

우리를 괴롭히는, 오래된 우리의 에고는 계속 먹이를 필요로 한다. 에고는 먹이를 먹고 일체감을 느끼며 동일시하는 과정을 거쳐 강해진다. 우리는 스스로가 귀하고 성스럽게 생각하는 것들을 자신과 동일시하고 그것으로부터 헤어나지 못한다. 이것은 '나'가 확장된 것과 같은 상태이다. 이렇게 우리가 귀하게 여기는 것들은 모두 에고의 먹이가 되어 우리에게 일체감을 준다.

에고의 먹이를 구체적으로 들어보면, 재산, 직업, 가족, 신앙, 교육, 외모, 명성, 지위 등이 있으며 우리의 고민이나 문제까지도 포함된다. 물론 우리가 사랑하는 것, 우리에게 귀한 것들은 모두 포함된다! 유쾌하지 않은 기억들도 에고의 기름진 먹이가 될 수 있다. 그렇지 않다면 우리가 스스로의 잘못을 다른 사람들의 탓으로 돌릴 이유가 없지 않은가?

에고와 생각의 회전목마 사이의 관계는 아래와 같이 표현할 수 있다.

에고가 걸음마를 배우는 장소가 좁으면 좁을수록, 일체감이 강하면 강할수록 우리는 더욱 쉽게 회전목마에 올라타게 되고 그 속도도 빨라진다.

오로지 에고와 관련하여 받은 상처 때문에 생각이 맴돌며, 따라서 동일시와 반복되는 생각 사이에는 관련이 있음이 분명하다. 운명적인 순간이란 우리가 부정적인 것을 개인의 문제로 받아들여 혼란에 빠질 때이다. 만약 당신에게 당신의 자동차가 전혀 중요하지 않다면 다른 사람이 자동차에 대해 어떤 좋지 않은 말을 해도 영향을 받지 않을 것이다. 그러나 자동차를 보물로 여긴다면 다른 사람의 험담이 신경 쓰이고 자동적으로 그와 관련한 생각이 맴을 돌 것이다. 여기서 다시 한 번 말하자면, 내가 무언가와 스스로를 동일시하면 할수록 더 많은 상처를 입고 회전목마 위에 올라앉을 확률이 높아진다.

올해 32살인 에리카가 마치 자기 자신인 양 아끼는 물건들로 시선을 돌려보자. 그녀의 젖니, 13살 때 자른 그녀의 머리채, 첫 번째로 받은 사랑의 편지, 호르스트에게서 받은 편지 두 장, 마틴에게서 받은 편지 다섯 장, 네 잎 클로버를 붙인 할머니의 카드, 휴가 중 실트 섬에서 가져온 조개껍질.

연인인 프란츠가 그녀의 보물을 두고 "그 쓰레기 좀 버려"라고 말했을 때 그녀는 그의 말이 옳다고 느꼈다. 과거를 계속 저장해 두는 것이 무슨 의미가 있단 말인가? 다행히 그녀는 자신의 보물에 압도되지 않았기 때문에 회전목마에 올라타지는 않았다. 일체감의 정도가 약했기 때문이다.

안톤이 소중히 여기는 보물은 좀더 현대적으로 보인다. 사춘기의 만용으로 가득 찬 그는 자신이 끔찍이 아끼는 자작시들을 CD에 구웠고 그와 친한 사람들은 누구나 그 시들을 읽어야 한다. 이렇게 안톤의 에고는 계속 먹이를 얻고 있다. 안톤의 새로운 연인인 니콜은 불행히도 독문학 전공자로 그의 시를 감상적인 쓰레기로 받아들였다. 자신의 작품과 완벽한 일체감을 느꼈던 안톤은 깊이 상처받고 그녀가 자신을 거부하며 이해하지 못한다고 느낀다. 그는 결국 생각의 회전목마에 올라타게 되고 니콜에 대해 거대한 담을 쌓아버렸다.

앞서 보았듯이 집착은 쉽게 생각을 맴돌게 해서 커다란 해악을 일으키며 에고와의 일체감이 장기화되면 될수록 억제가 힘들어진다. 오로지 죽음만이 해결책이 될 뿐.

생의 기쁨을 구하는 데 에고와의 일체감이 기여를 한다면 굳이 그것을 제거하려 시간을 들일 필요가 있을까 회의할 수도 있다. 그러나 이렇게 얻어지는 기쁨은 대단히 불안정하다. 에고와의 일체감을 통해 생의 기쁨을 안정시키려 하면 허무감이 우리를 짓누르며 곧, 우리의 판단이 잘못되었음이 밝혀진다. 집착이 갖는 또 다른 문제점은 전체 중에서 유효하다고 판단되는 일부만을 본다는 것이다. 일부에 집착하여 나머지 전부를 놓치게 된다. 우리는 순화된 행복이 주는 도취감에 대해 알고 있지만 에고는 그것이 페스트처럼 모든 일체감을 부수어버릴까 봐 두려워한다. 집착을 끊으면 그 불쌍한 아집은 굶어 죽게 되기 때문이다. 조각난 생각은 고정되지 않은 광활한 의식의 폭과 자유를 알지 못하기 때문에 고집스럽게 집착을 떠나지 못한다. 바로 이 점에 대해 켄 윌버는 이렇게 말했다.

"분리된 나는 죽음의 공포를 떨쳐버리기 위해 아무런 일도 할 수 없다. 분리된 나 그 자체가 죽음의 공포이기 때문이다……."

이 말은 나를 없애는 것은 죽음의 공포를 없애는 것과 같음을 의미한다. 우리가 죽기도 전에 미리 죽는 것을 피하기 위해!

이렇게 하자. 해방을 위한 첫 번째 단계는 에고와의 일체감을 모두 털어버리는 것이다. 에고에서의 이탈을 돕는 두 가지 질문이 있다. (모든 질문에 스스로 대답하거나 친구들과 의논해도 좋다.)

- 내가 집착하는 것은 무엇인가?
- 내가 집착하지 않으면 잃게 될까 두려운 것은 무엇인가?
- 내가 더 이상 어떤 것에도 집착을 느끼지 않을 때 얻는 것은 무엇인가?
- 내가 그렇게 중요하게 생각하는 것들은 정말 그렇게 중요한가?
- 내가 내적으로 모든 것을 털어버릴 수 있다면 어떻게 살 것인가?

본질을 향한 질문

- 더 이상 어느 것도 남아 있지 않을 때 남아 있는 것은?
- 일체감을 느끼지 않을 때의 나는 누구인가?

- 나를 제외한 다른 것들을 성찰하는 것과 반대되는 개념으로 자기 성찰은 무엇을 의미하는가?
- 내 생각이 스스로를 이해하고 받아들일 때 나는 어디에 있는가?

에고와의 일체감에서 해방된 사람은 사회보조금을 받을 정도로 가난하고 어리석은 존재로 퇴보한 것이 아니라 자아 속에서 가장 깊은 고향을 발견하였기에 완전한 기쁨을 누리며 왕성한 활동을 한다.

그동안 브룬힐트는 카린을 사귀어 그녀에게 열쇠 사건을 이야기한다. 카린은 즉시 이 책을 꺼내 에고와의 일체감과 집착에 대해 설명한다. 그리고 브룬힐트에게 질문을 던진다.

카린 너는 네가 지금 집착하고 있는 곳과 네가 아주 중요하다고 생각하여 버릴 수 없는 것들을 너 자신과 동일시하고 있어.

브룬힐트 그렇지만 내가 사물에 집착하는 것은 당연하잖아. 난 반쪽짜리 가슴으로는 살기 싫거든.

카린 확실한 것이 물론 최고지. 네가 어디엔가 푹 빠져 있다면 그게 네 삶을 풍요롭게 해줄 거야. 그러나 네가 원하지 않는 상태에서 무엇엔가 집착하거나 싫은 상황을 정신적으로 털어버리지 못한다면 그 상황과의 일체감으로 네 삶은 조각날 뿐이야.

브룬힐트 그 말도 맞아. 하지만 내가 어떻게 그 열쇠사건을 털어낼 수 있겠어?

카린 내가 이 책에 써 있는 질문을 네게 해볼게.

브룬힐트 좋아!

카린 '내가 집착하는 것은 무엇인가?' 열쇠 사건에 맞춰서 대답해봐.

브룬힐트 참, 너도! 이웃집 여자가 내 정신적 능력에 대해 긍정적인 이미지를 갖기를 바라지. 방 안의 화초에 집착하게 되고 내 고양이가 항상 같은 자리에서 먹이를 먹고 있는지, 집안 환기가 제대로 되고 있는지 신경이 쓰여. 사실은 도둑이 들지 않기를 빌면서 집 전체에 집착하고 있어. 내 재산과 나의 안전에 대해 걱정을 하고 있어.

카린 좋아. 다음 질문. '집착하지 않으면 잃게 될까 두려운 것은 무엇인가?'

브룬힐트 하나님! 모든 것을 잃게 되잖아. 이제까지 내가 해온 모든 것을. 만약 내 재산이 사라지고, 고양이 음, 고양이는 다른 곳에서 먹이를 먹을 수 있을 거야. 화초도 그렇게 중요하지는 않아. 통풍이야 어찌되든 상관없고.

카린 아, 이젠 네가 다른 방향으로 나아가고 있어! 다음 질문에 대답해봐. '내가 더 이상 어떤 것에도 집착을 느끼지 않을 때 얻는 것은 무엇인가?'

브룬힐트 책에 진짜로 '얻는다'고 쓰여 있어? 성경의 한 구절이 떠오르네. '사람이 만일 온 천하를 얻고도 제 목숨을 잃으면 무엇이 유익하리요?' 그 말이 딱이네. 내가 더 이상 집착을 느끼지 않을 때 얻는 것이라고? 흠. 온전한 휴가의 기쁨과 현재. 그저 지금의 상태를 즐기기만 하면 되고. 집착하느라 시간을 빼앗길 필요가 없으니까. 카린, 그 시시한 열쇠사건과 내 어리석음이 이제 극복된 것 같아. 아직도 질문이 남았어?

카린 응, 다음 질문은 '내가 그렇게 중요하게 생각하는 것들은 정말 그렇게 중요한가?'

브룬힐트 중요하다고 생각했어. 그런데 자세히 살펴보니 그것들은 이미 오래전부터 내게 중요하지 않은 것들이 되어 있었어. 우리 같이 수영하러 가지 않을래?

이렇게 하자

멋진 사슴이 되고자 노력힘으로써 생각에 먹이를 주지 말자. 느긋하게 무로 털어버리고 명예욕에도, 그 무엇에도 구속되지 않는 아무것도 아닌 존재가 되자! 명상수행자인 람 다스는 이렇게 말했다.

"생의 초반부에 나는 무조건 그 무엇인가가 되고자 했다. 후에는 생각을 돌려 무조건 아무것도 아닌 존재가 되고자 했다. 지금의 나는 그 무엇인 상태에서 그 무엇도 아닌 존재가 되려고 노력한다. 무언가가 되려고 마음먹으면 불안해진다. 무언가는 결국 죽음을 맞기 때문에. 그러나 그 무엇도 아니라면 죽지 않는다……. 충만한 열정으로 살아가지만 절대적으로 비어 있고 평온하기도 하다. 이 세상에서 살아가지만 세상에 속하지 않는다……."

그 무엇이기도 하면서 그 무엇도 아닌 상태로 긴장하지 않고 즐겁게 이 세상에서 살되 세상에 무엇도 빼앗기지 않는 것은 멋지지 않은가?

당신의 대답

참새의 대답

그래, 멋있어. 그러면 가슴이 환호할 거야!

생각이 과거에 집착하며 맴돌면……

**그렇다면 현재와
미래에는 기회가 없다.**

아름다웠던 옛날.
그러나 그때가 더 좋았을까?
과거는 과거일 뿐이고,
지나가버린 것이다.
과거를 높이 사는 사람은 새의 날개를
붙잡아 매놓은 꼴이다.

아

!

탈출동기 : 날려 보내기

지나가버린 것은 날려 보낸다.
새로운 것에게 자리를 만들어주기 위해.

**내가 어느 누구도
아니라면 나는 누구인가?**

현재로부터 도망치려는 자신을 관찰하라

완전한 경험을 할 수 있는 것은 바로 지금뿐이다. 작은 실험 하나가 이것을 증명한다. 지금 당신이 마지막 휴가를 즐긴다고 상상해보라. 우리의 에고는 인색함, 기억의 파편들, 안전함에 둘러싸인 듯 보인다. 과거나 미래 아니면 다른 문제로 옮겨 다니는 속도가 너무 빨라 놀랄 필요는 없다. 에고는 현재에는 머물려 하지 않는다. 어쩌면 현재가 너무 아름다워서일 수도 있다. 우리는 확실하게 본다. 에고가 주로 머무는 곳은 과거, 미래 혹은 어떤 문제 등 생각할 거리를 제공하는 곳이다.

현재로부터 도망쳐 삶을 한계 지우고 싶지 않다면 의식을 초월적 위치에 두고 에고가 얼마나 현재에서 도망치고 싶어하는지를 알아차리면 된다. 이런 인식을 통해 우리는 일차원적인 생각에서 벗어나 자유롭게 선택한 의식적인 관찰자의 위치에 서게 된다. 우리는 평가하거나 분석하지 않고도 우리가 현재에서 도망치려 함을 알게 된다. 우리가 평가하며 성찰하는 순간은 다시 생각의 영역에 발을 딛는 순간이다. 그러나 초월적인 영역으로 뛰어오르기 위해 단순하게 어떤 순간을 활용하는 것은 상관없다. 의식이 말을 할 수 있다면 아마 이런 말을 할 것이다.

"나는 생각, 감정과 반응들을 그저 빙 둘러본다. 나는 그 무엇도 취하지 않고 분석하지도 않으며 파도에 부딪치는 바위처럼 나를 둘러싼 소음 속에서도 흔들리지 않는다."

현재에 머물도록 도와주는 실험을 통해 현재에 합류할 수 있다. 우리의 연습에 약간의 재미를 주는 적당한 방법이 있다. 즉, 대화를 할 때 '지금'이라는 단어로 지금 막 시작하는 행위를 묘사하되 항상 똑같은 형식의 문장을 반복하라. "지금 우리는 공원에 앉아 있다. 지금 우리는 휴가계획 때문에 싸우고 있다. 지금 나는 너의 무릎을 쓰다듬고 있다. 지금 나는 너를 보고 미소짓는다" 등.

더 이상 현재에서 도망치지 않는 사람은 마음의 평온과 열정적인 삶을 즐기며 훨씬 더 의식적으로 생각을 관찰할 수 있다.

브룬힐트는 현재로부터 도망치려는 그녀 자신을 관찰하고 있다.

"나는 지금 파란 바닷가에 누워 있다. 드디어 멀리 떠나왔어. 내 생각은 어디 있지? 집! 집에 머무르는 편이 좋았을지도 몰라. 아이, 그 지긋지긋한 평가를 또 하는구나! 다시 한 번. '지긋지긋'이란 단어로 나는 평가하기를 평가한 거야. 자, 지금 나는 바닷가에 있어. 지금 나는 해변에 누워 있어. 지금 나는 바람을 느껴. 지금 나는 갈매기와 파도 소리를 듣고 있어. 지금 나는 집에 두고 온 고양이를 생각하고 있어. 나는 지금 다시 바닷가에 누워 있어. 나는 여기 머물 거야. 나는 노력할 거야. 지금 나는 태양을 느껴. 화상주의! 그때 알프스 산에서, 그때 심한 화상을 입었어. 현실에서의 도피! 잊지 말자. 나는 지금 해변에 있어."

이렇게 한참을 계속하자 현실도피는 결국 힘을 잃고 말았다.

이렇게 하자

지금 이 순간 살아 있음을 완전하게 느끼자. 에고의 요구가 우리의 자아를 한쪽으로 밀어붙인다 할지라도 훨씬 충만해진다. 철학자인 제이콥 니들만에 따르면 에고의 지배를 받으면 우리는 삶에 의해 삼켜진다고 했다.

"삶에 의해 삼켜진다는 말은 살아 있다는 사실에 우리가 관심을 충분히 두지 않는다는 뜻이다. 우리의 삶이 우리를 삼켜버렸다면 이것은 자아가, 우리 자신의 자아가 존재하지 않는다는 뜻이 되며……."

자아가 존재했더라면 에고를 부추기는 것들이 모두 무가 되었을 것이다. 멋있지 않은가?

당신의 대답

참새의 대답

잘 생각해보니 나라는 것은 없어. 그러나 나를 갖는 사람은 자신을 갖는 거야. 에고가 없다는 것은 대신 내가 있다는 뜻이야. 그래서 난 항상 말하지. 참새를 가지고 있는 사람은 행복하다고! '참새'를 다른 새로 대체할 수도 있고. 아무 상관없어. 참새든 다른 새든. 중요한 것은 우리가 여기 있다는 거야! 원래 두 점만이 있을 뿐이니까. 공간점과 시점. 첫 번째는 항상 여기라는 것이고, 두 번째는 어디서든 지금이라는 거야. 나를 흥분시키는 것은 두 점이 하나로 합쳐질 수 있다는 거지. 그럼 간단해지잖아. 게다가 점의 크기는 생각 속의 크기일 뿐이야. 무확장의 무. 그래서 그 점으로부터는 아무것도 남는 것이 없어. 여기 그리고 현재라는 생각과 함께 즐거운 이곳뿐. 그래도 아…….

생각이 현재로부터 도망치려 맴을 돌면……

새로운 일이
일어나지 않는다.

예전에 겪었던 곤란을 다시 겪지 않도록

예방을 해야 한다. 이렇게 예방하기 위해

쌓아올린 벽이 현재에까지 이어져

참새가 콘크리트 더미에 묻혀

숨조차 쉴 수 없게 되었고

불빛조차 들어오지

않는다.

탈출동기 : 현재는 영원하다

나 자신에게 속하기 위해

나에게 머무른다.

**현재로부터
도망치는 것은
존재를 등지는 것이다.**

다음에 떠오르는 생각을 기다려라

의식은 우리를 현재와 연결시키고 우리 스스로와도 연결시킨다. 생각의 회전목마는 우리를 현재 그리고 우리 스스로에게서 멀어지게 한다. 자아가 날갯짓을 마음껏 할 수 있는 공간을 비워두기 위해, 즉 어두운 생각의 고철더미를 제거하기 위해 재미있는 실험을 할 수 있다. 우리가 현재를 제대로 인식하고 있는 한 원하지 않는 불유쾌한 생각들은 기회를 잡지 못한다.

주의를 집중하고 다음번 생각이 떠오를 때까지 기다려라. 스라소니처럼 규칙적으로 잠복하라. 의식이 최고로 깨어나 있을 때 생각이 평온해짐을 경험하게 된다. 우리는 생각이나 의식 중 하나를 다시 만나게 될 것이다!

이 실험은 '의식 혹은 생각'이라는 명제를 증명하고 심화시켜준다. 다시 생각에 착륙했다고 느껴지면 의식을 집중하여 어느 순간에 생각이 바뀌는지를 정확하게 관찰하라. 그러면 바로 그 순간에 스라소니도 잠복장소를 떠났음을 알게 될 것이다.

또 하나의 힌트. 우리는 재미없고 괴로운, 뇌의 쓰레기인 생각과 머릿속에 스쳐가는 생각을 구별한다. 영감과 직관이 깨어 있되 고정되지 않은 자유로움을 필요로 한다면 주의력 감소를 전제조건으로 한다.

다음번 생각을 기다림으로써 내면에 머무는 데 성공한 사람에게는 생각의 소용돌이 안에 깨어 있는(!) 틈이 생성되어 회전목마 밖에 서만 가능한 기쁨의 환호성이 터져 나오게 된다.

브룬힐트와 카린은 연습을 계속하기 위해 다시 만났다.

브룬힐트 이제 더 이상 가슴 졸이지 않아. 내 집, 내 어린 시절, 내 불안과 어리석음에 대해 몇 시간이라도 들려줄 수 있어. 너도 느끼지? 내가 다시 바보스러워지는 것을. 내가 연습을 제대로 이해하지 못했나 봐.

카린 평가. 내가 지금 막 한 것은 평가의 평가야. 가끔은 무척 어렵기도 하지. 그러나 기분에 의해 조정당하는 것에 비하면 더 재미있지 않아?

브룬힐트 물론이지. 그래서 내가 지금 기꺼이 이해하려고 하잖아.

카린 만약 네가 몇 시간이고 이야기를 한다면 정신을 모으고 생각이 떠오를 때까지 기다리지도 않은 채 문장들을 만들어낸다는 뜻이야. 여기서 말하는 소위 깨어 있는 초월적 차원이 아니라 일차원적으로 말하는 거지. 초월적 차원이란 의식적이며 상위 관점에서 나오거든.

브룬힐트 오케이. 이해해. 지금 정신이 번쩍 든 상태에서 다음 생각
  이 떠오를 때까지 기다리다 생각이 떠오르면 바로 이야기할게.
(한참 시간이 흘렀다.)
브룬힐트 정신을 집중하고 있으면 어떤 생각도 떠오르지 않는 게 느
  껴져. 긴장되고. 이렇게 의식을 하고 있으면서도 아무런 생각이
  머물지 않는다는 것이 신기하고 멋져.
카린 재미있다. 넌 '머무르다'라는 단어를 사용했는데 나도 똑같이
  느꼈거든.

이렇게 하자

행복하고 만족스럽게 평온에 도달한 정신을 경험하고 뿐만 아
니라 이러한 무無의 상태가 아주 많은 깨우침을 준다는 사실도
체험해보자. 이것은 '오직' 비언어적 영역에서만 존재한다. 선승
인 펜 양(947~1024)이 쓴 글을 살펴보자.

"네가 환상에 빠져 있고 의심에 가득 차 있다면 천 권의 성서
도 너를 돕지 못한다. 네가 의식에 도달했다면 한마디 말도 이미
너무 많다……."

명료함이 잡다한 말로 더럽혀질 수 있다는 사실을 아는가?

당신의 대답

참새의 대답

몰라. 내겐 모든 것이 항상 또렷해. 내가 이야기를 많이 해도 깨지거나 떨어져나가는 것은 없어. 내가 이야기하는 것은 모두 확실하며 순수한 기쁨에서 나오는 것이거든. 내 아이디어와 단어들이 어디서 나오는지 나도 놀라워. 그것들은 갑자기 그 자리에, 내 자유로운 머릿속에 떠올라 나도 놀라게 하거든. 내가 말하는 것은 미리 계산되어 있는 게 아냐. 나는 어느 것도 설명하거나 증명하려 하지 않고, 토론하거나 설득하려고 하지 않지. 미리 준비한 의견도 없어.

내 능력 범위 내에서 가능한 모든 의견들이 내 머릿속에 즉시 떠올라. 어떤 의견이 있으면 그에 대한 반대 의견, 또 다른 의견이 의미를 갖게 돼. 다양한 의견 중에 하나를 살펴보는 것이 부담이 될 수도 있어. 나는 모든 의견을 나란히 늘어놓거나 포개놓고 깨어 있는 상태로 다음 생각을 기다려. 어쩜 '갑자기 떠오르다'라는 표현이 더 적합할 거야. 생각이 갑자기 내 안으로 들어오니까. 그런데 나는 그 모든 것을 다 이해하기 때문에 싸울 일은 없어. 내게 삶이란 충족 그 자체야. 난 최고로 살고 있어!

생각이 전혀 맴돌지 않으면……

우리의 행복한 참새가 즐겁게
지저귀는 소리를 듣게 된다.

마지막으로 떠오른 생각 뒤에서
그리고 다음 생각 앞에서

탈출동기 : 영혼의 공간인 가장 깊은 내면의 고요
나는 고대한다.

자아를 깨어 있게 하라

마지막으로 떠오른 생각의 확장된 변이를 살펴보자. 다음번 생각을 기다리지 않고 우리 스스로를 위하여 우리의 정신을 '기대하며 기다리는' 준비상태에 둔다. 구체적으로 말해, 우리 의식이 아직 가지고 있는 유일한 '내용'이란 의식 그 자체이다. 깨어 있음은 자아가 깨어 있음을 말한다. 그 이상도 그 이하도 아닌 바로 그것을 통해 우리는 현재 속에 존재한다. 이것은 미리 기뻐하는 감정이기도 하며 자신에 대해 느끼는 기쁨의 감정이기도 하다. 이런 절대적인 준비상태 또는 깨어 있는 상태에서 정신은 아주 고요하다. 즉 생각, 긴장, 걱정, 회상, 몽상 없이 순수하게 현재에 있다. 이렇게 깨어 있는 상태는 몸 전체까지 퍼진다. 각각의 세포들까지 깨어 있다!

이런 의식상태의 특징은 직접성이다. 이것은 어떤 방식으로 만들어진 것이 아니며 어떤 생각을 통해 유도되거나 영향을 받지도 않는다. 그저 의식 그 자체일 뿐이다. 의식에 주의를 집중하면 우리는 즉시 생각의 회전목마에서 내릴 수 있다. 다른 말로 하면 우리는 지름길을 통해 우리 스스로에게 간다. 길은 길이지만 정확하게 관찰하면 길이 아니다. 왜냐하면 '정신을 스스로 경험'함으로써(소크라테스가 이렇게 표현했다) 무엇이 어떻게 되는지를 직접 기억하기 때문이다. 불교 철학자인 W. W. 웨이의 표현을 빌리자면 이러한 자기반사는 '나로부터 내게로 가되 목표물이 없는 움직임'이다. 인간이 자기반사 속에서 자신의 의식에 집중하면 한나 아렌트가 묘사한 대로 현대 철학자와 같은 위치에 올라서게 된다. 즉 정신이 어떤 생각의 구성개념 대신 자아에 머무르게 된다. 켄 윌버는 '이성의 기저의 직접성'에 대해 이야기했다.

브룬힐트와 카린은 천천히 흔들리는 그물침대에 누워 있다. 그들은 지금 막 '자아를 깨어 있게 하라'라는 장을 읽기 시작했다.

브룬힐트 지금 한가하게 누워 있다는 사실이 기뻐. 안 그랬으면 내 의식에 대한 자기반사에 열중하느라 피곤했을 텐데. 카린, 너는 어떤 방법으로 이성의 기저에 대한 뇌의 직접 공격을 피하는지 설명해줘.

카린 나는 구름 한 점 없는 하늘이나 배 한 척 떠 있지 않은 바다를 바라보고 있다고 상상해. 그리고 우연히도 그 순간 내가 만들어 낸 생각이 없다면 그 끝없고 광활한 하늘이나 바다 덕분이라고 생각하고 바로 그 텅 빈 순간으로 관심을 돌려.

브룬힐트 오, 그리고?

카린 그럼, 모든 것이 순조로워져.

이렇게 하자

자신에 대한 통제력을 상실한 상태라면 그저 남아 있는 것에 집중하라.

당신 짐이 호놀룰루로 보내진 것을 알고도 기뻤다면 이제는 짐이 없음을 즐겨라.

이렇게 하자

짐의 존재 혹은 비존재를 포함한 모든 것을 즐겁게 받아들이고 장 폴 사르트르에게 흠뻑 빠져보자.

"그리고 내 영혼은 또 얼마나 찬란한 무존재인가……"

에고로부터의 휴가! 거기에 이미 도착지로의 지름길이 들어 있다. 당신의 눈에는 보이지 않는가?

당신의 대답

참새의 대답

이런 짧은 여행은 상상만 해도 매력적이야. 나는 어차피 그곳에 있기 때문에 여행이란 말이 어울리지는 않지만. 생각은 무이며, 나는 오직 그곳에 고요히 존재할 뿐이야. 비록 제대로 된 표현은 아니지만. '고요'라는 단어는 착오를 일으킬 수 있다. 그것은 평화로우며 내 내면은 조용하되 지루하지 않다. '기쁨으로 유혹하며 떨리는 고요'라는 표현이 더 적합할 것이다. 많은 일이 일어남에도 불구하고 어떤 것도 일어나지 않은 것 같다. 외적으로는 아무 일이 일어나지 않았음에도 내적으로는 모든 일이 일어난다. 나는 무생각과 의식으로 꽉 차 있기 때문에 내 가슴은 온 세계를 껴안는다. 간단하게 말해서, 내게는 어려운 일이 없다. 그러므로 나를 가지고 있는 사람은 모두 잘된다!

생각이 더 이상 돌지 않으면······

우리에게서 내면의
고요가 빛을 발한다.

불필요한 생각의 회전목마가
우리 평화를 방해하지만
않는다면 모든 것이
가능하다.
모든 것이.
드디어
참새를
환영하는구나!

탈출동기 : 그냥 별 이유 없음

이제는 나의 의식으로 뛰어들자!

이대로 존재하기,
이대로 존재하기만으로
충분하다.

자동적으로 맴도는 생각에서 탈출하기

생각의 회전목마는 교활하게도 완전히 자동적으로 작동된다. 자동적으로 진행되는 모든 행위들 가운데 정신과적으로는 생각의 회전목마가 가장 좋지 않다. '자동화'와 깨어 있음은 서로 대립되기 때문에 의식을 통해 쉽게 '자동화'에 대항할 수 있다. 치료의 형식은 다양하지만 의식을 무의식의 영역으로 불러내기 위한 공통적인 기본틀이 있다. 이때 우리는 의식을 통해 자동적인 생각의 회전목마에서 탈출할 수 있게 된다.

우리를 구속에서 자유롭게 하는 깨어 있음이 얼마나 커다란 폭발력을 지니고 있는지는 별로 해롭지 않은 '자동화'를 통해 쉽게 경험해볼 수 있다. 우리는 훈련을 통해 조금씩 깨어 있기를 강화할 수 있다. 하지만 여기에는 어려움이 따른다. 우리는 너무나 많은 것을 자동적으로, 습관적으로 한다. 만약 우리가 매 초마다 모든 것을 예전과는 다른, 새로운 것으로 만들어내려고 한다면 분명 우리는 미쳐버릴 것이다.

어떻게 할 수 있을까? 아주 쉽다. 예전처럼 말하고 행동하되 항상 의식을 한다. 이런 식으로. 나는 오늘 다시 크로와상을 먹고, 이를 닦는다. 내가 지금 원하기 때문에. 단순한 습관에서가 아니다. 보통 때 같으면 무의식적이며 반사적으로 자동화가 일어나겠지만 이럴 경우엔 즉시 더 많은 즐거움을 얻고 현재를 의식하게 된다. 그 덕에 크로와상의 맛도 훨씬 좋아진다. 말을 할 때에도 자동화된 어휘를 다른, 적절치 못한 말로 바꾼다. '예를 들면'이라는 말 대신 '예절을 들면'이라고 말하는 식이다. '자동화'에서 벗어나려면 에너지를 짜내어 의식적으로 선택을 해야 한다. 그렇기 때문에 이런 전략으로 우리를 더욱 깨어 있도록 무장시킬 수 있다. 반복을 강요하는 생각은 의식을 마치 지독한 전염병이나 되는 것처럼 피한다. 의식을 통해 생각의 회전목마가 정지하기 때문이다.

깨어남으로써 '자동화'에서 탈출한 사람은 삶에 적극적인 동참의식을 느낀다.

자기연구를 위한 질문

• 나는 스스로에게서 어떤 자동화를 관찰하는가?

• 다른 사람은 내게서 어떤 자동화를 관찰하는가?

• 나는 다른 사람의(또는 나 스스로의) 어떤 점에 지루함을 느끼는가?

• 내가 계속 반복하여 하는 말이 있는가?

• 나는 효율적이며 실질적이라기보다 폐쇄적인 행동과 말의 레퍼토리를 가지고 있지는 않은가?

• 특정한 자동화를 어떻게 고칠 수 있는가?

• '의식적'으로 살 것인가 아니면 '자동적'으로 살 것인가?

브룬힐트와 카린은 바닷가의 카페에 앉아 여덟 번째 전략에 대
해 연구 중이다.

브룬힐트 무엇을 할 때엔 내가 그것을 한다는 생각을 하지 않는데도
자동화가 일어나. 눈여겨보지 않으면 어떤 식으로 자동화가 일어
나는지 말하기도 쉽지 않다니까. 내가 무엇을 자동화시키는지 이
야기 좀 해봐.

카린 좋아. 생각나는 대로 말할 테니까 네 느낌을 말해줘. 듣기 좋
지는 않겠지만 연습으로 생각하자.

브룬힐트 물론이지. 정말 도움이 될 거야. 설사 크림처럼 부드럽고
달콤하지는 않더라도. 자, 시작해!

카린 너는 항상 자신의 지적 능력을 의심하는 것 같아. 자동적으로
그런 것 같던데.

브룬힐트 맞아. 이제 나는 그 사실을 그대로 인정하고 받아들일 수
있어. 더 말해봐.

카린 휴가 중에 고양이를 볼 때마다 넌 네 고양이 이야기를 했어.
같은 이야기를 세 번 들은 적도 있다니까. 자동적으로 그러는 것
같았는데.

브룬힐트 맞아. 내가 너를 진지한 대화상대로 받아들이지 않았다니,
참 한심하지.

카린 지금은 네가 날 받아들이고 있잖아! 바로 그렇게 네 행동방식

을 스스로, 더 똑똑하게 인식하는 순간 그 영향이 내게 미치고 그
사실을 너도 알아차리고, 나 또한 그 순간을 감지한다는 게 정말
흥미롭지 않니?

이렇게 하자

용기를 내 새롭게 시작하고 새롭게 생각하며 '자동화'의 최면
에도 빠지지 않으면 우리는 저절로 휘파람을 불게 된다.

나는 마틴 하이데거의 글을 그렇게 이해한다.

"인간의 자연스러운 타성은, 모든 것은 기존의 것에서 나온다
는 것과 상응하나 기존의 현실 영역과 자신의 근본에서는 제외되
니……"

타성에 젖기보다 우리 스스로 한다면?

당신의 대답

____

____

____

참새의 대답

사실 나는 하는 일이 아무것도 없어. 아무것도 하지 않는데도
타성에 젖지 않는다니 좀 웃기지 않아? 다른 이들은 내가 낙천적

이라고 하겠지만 낙천적인 성격과 타성은 아무런 관계가 없어. 나는 정말 밑바닥부터 즐거우며 자주자주 제어를 하기 때문에 큰 다툼도 일어나지 않아. 아하!

자동적으로 생각이 우리를 맴돌면……

그 생각이
우리의 자유를 빼앗는다.

오! 생각의 회전목마가 다음
생각을 사냥한다.
회전속도는
빨라져만 가고
불쌍한 참새는
그저 SOS를
외칠 뿐이다.

탈출동기 : 굳어버린 습관

내가 하는 일에 최선을 다하며
타성에서 탈출한다.

정신과 영혼이
자유의지의 초원에서 뛰노는
이 위대한 감격

정상적인 괴로움 다스리기

정상적인 괴로움은 넓은 의미에서 두 가지 요소로만 이루어진다. 첫째는 나타났다는 것이고, 둘째는 손해를 끼친다는 것이다. 나타나지 않았다면 그것은 상상 속의 두려운 괴로움으로서, 나중에 인급할 '스스로 만든 괴로움'에 속하게 된다. 손해의 종류는 괴로움의 종류만큼이나 다양하다. 우리는 건강, 사랑하는 사람들, 능력, 재산, 가능성, 꿈 등을 잃을 수 있다. 프리드헬름이 산드라와 행복하게 넉 달의 시간을 보낸 후 자신의 애인이 불평불만에 가득 찬 크산티페로 변했다고 단정한다면 그는 순식간에 이상형의 여인을 잃고 그 무엇으로부터도 방해받지 않던 기쁨의 서곡은 눈 깜짝할 사이에 멈추어버린다.

정상적인 괴로움은 비록 우리가 원하지 않던 것이고 매우 심각한 것이라 할지라도 우리를 현재로 던져 넣는 '장점'이 있다. 많은 이들은 사실적이며 정상적인 괴로움의 뒷맛을 받아들이며 고마워하기도 한다. 이런 맥락에서 "병을 통해서 비로소 난 내 삶을 변화시킬 용기를 얻었어", "모든 것을 잃은 후에야 비로소 나는 스스로 삶을 제어할 수 있게 되었어" 등등의 말을 한다.

물론 이 말들 속에는 우리가 사전에 자발적으로 무언가를 조치했더라면 극단적인 괴로움과 그 회복기를 거칠 필요가 없었을지 모른다는 의문도 제기된다. 이런 의문에 대한 답은 간단하지 않다. 스스로 적절한 주도권을 갖는다면 비록 극단적인 괴로움일지라도 항해에 방해가 되는 역풍을 없애주기 때문에 도움이 된다. 그러나 정상적인 괴로움이 우리를 어디로 끌고 갈지 모르기 때문에 우리가 생각의 회전목마에 올라타지 않는다는 보증도 없다. 유감스럽게도 잘되어봤자 우리가 지닌 자원을 동원하는 데 그칠 것이고, 잘못되면 괴로운 생각의 회전목마가 더 빠른 속도로 돌 것이다.

동기를 갖고 앞으로 나아가 결국에는 정상적인 괴로움을 제어할 수 있도록 우리가 취할 수 있는 방법을 연구해보자.

불유쾌한 상황에서 탈출하기

어떤 문제가 머릿속에서 생각의 회전목마를 만드는 무기력한 상황에 부닥치기 전에 세 가지 건설적인 방법을 쓸 수 있다.

- 우리는 상황을 변화시킬 수 있다.
- 우리는 상황을 떠날 수 있다.
- 앞의 두 가지가 불가능하면 상황을 전부 받아들이는 수밖에 없다. 수용하지 않을 경우 벌어지는 현실과의 전쟁에서 우리는 결코 이길 수 없고 오히려 괴로움을 얻게 된다. 사랑하는 사람의 죽음과 같이 과거로 편입되어버려 돌이킬 수 없는 것들을 말한다. 아주 오래 타 고철이 된 자동차, 다 타버린 집, 뽑힌 송곳니…….
"가버린 것은 돌아오지 않는다."

스스로 만든 괴로움이나 문제의 범주에는 다른 사람에게 책임을 돌려 그를 희생양으로 만듦으로써 자신의 주도권을 약화시키는 상황도 포함된다. "네 잘못이야"라고 말하는 것은 동시에 "너는 그것을 망가뜨릴 힘을 가졌고, 지금도 가지고 있어"라는 의미이다. 그로써 나는 모든 행위능력을 타인에게 위임한다.

그러나 책임전가를 통한 행위 주도권의 포기는 무능력한 위치에서의 항복을 의미한다는 사실을 확실하게 짚고 넘어가야 한다. 언뜻 보면 내가 누군가에게 책임을 물음으로써 그 사람을 희생양으로 삼는 것처럼 보이지만 사실은 나 스스로가 덫에 걸리게 된다. 그보다는 스스로 주도권을 쥐고 책임을 지는 것이 훨씬 더 만족스럽다. 심한 책임전가는 생각의 회전목마에 가속을 붙인다. 건설적인 행위에 쓰이지 못한 에너지가 대신 머릿속을 회전하기 때문인지도 모른다.

우리가 불평 속에 빠져들면 대단히 정상적인 괴로움도 생각의 회전목마에 착륙하며, 우리는 다시 무능한 희생자가 되어 무릎 꿇게 된다.

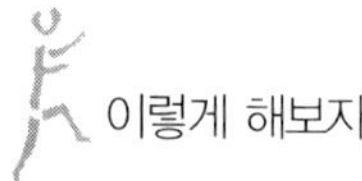 이렇게 해보자

첫째, 무엇보다도 당신이 상황을 변화시킬 수 있는지 아니면 떠날 수 있는지를 확실하게 진단하라. 그럴 수 없다면 상황을 전부 수용하는 것이 힘을 최대한 아끼는 길이다.

둘째, 책임전가나 불평으로 인하여 당신의 행위능력과 자원이 줄지는 않는지 살펴보라.

셋째, 아래와 같은 질문을 하며 완전히 수용하거나 어떤 행위를 취할 능력을 길러라.

- 이 상황에서 무엇을 해야 할까?
- 어떤 행위를 취하면 이 문제를 완전히 역전시킬 수 있을까?
- 어떤 확실한 말을 해야 할까?
- 이 행위를 할 때 어떤 결과에 대비해 마음의 준비를 해야 할까?

• 언제 시작할까?

이런 시도를 통해 얻게 되는 첫 번째 성과는 생각의 회전목마에서 내릴 수 있다는 것이다. 어떤 사안에 대해 목적지향적이고 건설적으로 생각한다면 생각의 회전목마는 자동적으로 멈춘다. 이 얼마나 간단한가.

불유쾌한 상황에 성공적으로 대응하는 사람은 자신이 보유한 자원을 적절하게 이용하며 긴장하지 않는다. 보유한 자원이 없을지라도 자신감에 차서 몰두한다. 그의 뇌의 바퀴는 정지해 있다.

브룬힐트는 열쇠 문제로 이웃집 여자에게 전화하기로 한다. 그녀는 그 문제를 직접적으로 언급한다. 그녀는 이웃집 여자가 자신을 건망증이 심한 사람으로 생각할 수 있는 ‘최악의 결과’를 받아들일 준비가 되어 있다.

어떤 사안에 대해 확실하게 직접 이야기하고자 한다면 ‘제1 선택의 단어’라는 커뮤니케이션의 현재법칙을 이용하는 것이 적합하다. 이것은 비난, 불평 또는 그와 비슷한 것으로 다른 사람을 조작하지 않고, 우리 내면의 가장 깊숙한 곳에 자리 잡은 감정, 느낌, 반응을 정확하게 느끼며, 평가하는 어휘 대신 솔직 명료한 표현을 사용하는 것이다.

비난과 책임전가로 자신의 행위능력을 발휘하지 못하는 때가 언제인지 살펴보자. 자신의 책임이 완전히 이행될 때 자유가 생겨난다. 게슈탈트 치료법의 창안자인 프릿츠 펄스는 이렇게 썼다.

"사람들은 자신과 접촉이 없는 것에 대해서는 책임을 지지 않을 수 있다. 어쩌면 이것은 자신이 아직 들어본 적이 없는 어느 먼 곳에서 발생한 일이 될 수 있고, 자신이 인지하지 못하지만 자신의 삶 속에 일어난 사건일 수도 있다. 사람들이 사건과 접촉을 하면서 그것이 어떻게 발생하고 자신의 생에 어떤 역할을 하는지에 대해 정확하게 인지하면 그것에 대한 책임을 지게 된다. 예전에 없던 짐을 떠안는다는 의미가 아니라 그것이 앞으로도 계속 존속해야 하는지 그렇지 않은지를 결정한다는 의미에서. 이것은 도덕적 책임의 개념 중에서도 가장 깊은 근본적 특징을 이루는 것으로, 전혀 다른 개념의 책임이다."

회복되기를 기다리지 않고 스스로 활동적으로 힘을 돋우는 것이 멋진 방법 아닐까? 아니면?

당신의 대답

____

____

____

참새의 대답

나는 기다리는 대신 삶을 향해 노래 부른다. 그렇게 나는 잘 지낸다. 그렇지만 내가 훨씬 더 많은 사람들의 가슴 속에서 노래를 부를 수 있다면 더욱 좋을 텐데……. 모든 사람들이 제각기 참새를 한 마리씩 가지고 있다는 상상만으로도 좋을 텐데!

생각이 빙글빙글 돌아가는 괴로움의
새장 안으로 들어가려 맴을 돌면……

우리는 책임감을 잃는다.

괴로움이 맴도는, 너무나도
좁은 뇌의 도랑에
갇힌 참새는
완전히 신경쇠약에
걸려 살기 위해
날개를
퍼덕인다.
아하!

탈출동기 : 불평하지 않기

나는 가능한 것을 즐기며
더 이상 멈추지 않는다.

**내가 정말 더 이상
아무것도 할 수 없을 때엔
무엇을 할 수 있을까?**

사랑하는 사람을 잃었을 때

사랑하는 사람을 잃는 것은 너무나도 고통스럽기 때문에 이런 재앙을 정상적인 괴로움으로 분류하는 것이 부자연스럽게 느껴질지 모른다. 그러나 이 책의 앞부분에서 제시한 개념에 따르면 사랑하는 사람을 잃는 것은 모든 기준에 비추어 정상적인 괴로움에 속한다. 이것은 손실이며 자기갈등으로 연결된다. 사랑하는 사람들은 두 가지 방법으로 사라진다. 어떤 이유로 그들이 우리 곁을 영원히 떠나가거나 아니면 죽음이 그들을 데려간다. (우리 스스로 사랑하는 사람을 떠나왔다면 대개는 사랑이 식어서일 것이다. 따라서 우리는 그런 상황을 '손실'이라기보다는 해방으로 느낄 것이다.)

사랑하는 사람과의 이별을 극복하려면 그 사실을 되돌릴 수 없다는 사실을 받아들여야 한다. 그것은 지나간 일이다. 지금은 상황이 달라졌다. 비록 공허하고 아무런 매력을 느끼지 못할지라도 새로운 현재가 존재한다. 그런 재앙이 발생했다는 것을 수용하지 못하고 거부하면 우리는 영원히 과거에 매이게 된다. 그럼에도 사랑하는 사람의 손실은 받아들이기가 고통스럽기 때문에 되돌릴 수 없다는 사실을 받아들이라는 것이 부당한 요구처럼 들린다. 불행하게 끝난 사랑은 오랫동안 생각의 회전목마에 머무는 경우가 많다. 그 예는 다음과 같다.

"아, 얼마나 아름다웠던가. 이제는 모든 것이 지나갔어."(원망,

자기연민)

"너는 너무 세속적이었고 나를 진실로 사랑한 적이 없어."(책임전가, 희생양)

"나는 네게 맞지 않는 존재였어."(자기책망)

"내 삶은 더 이상 즐겁지 않을 거야."(과거의 경험을 미래로 투사)

"삶이 아무런 의미가 없어."(손실로 인한 총체적인 절망)

생각의 회전목마에 올라타는 것이 얼마나 불편한지 우리는 알고 있다. 로맨틱한 쓰레기는 생각의 회전목마로 말미암아 매우 위험한 특수 폐기물이 된다. 우리만이 그곳을 헤치며 가시를 추려내고 위에 든 예와 같이 다양한 종류의 쓰레기들을 분류할 수 있다. 이렇게 분류를 하려면 일차원적인 분류를 중지하고 대신 초월적인 관찰자의 위치에 있어야만 한다. 이렇게 깨어 있는 상태로 거리를 두지 않으면 어느 특정한 종류의 쓰레기로 분류해내는 것이 불가능하다. 수평선에 붉은 아침 햇살이 퍼진다! 먼저 참을성 있게 (어쩌면 며칠이나 몇 주가 걸릴 수도 있다) 쓰레기를 분류해야 하고 그 다음에는 이별 뒤에도 삶은 계속된다고 증언했던 헤아릴 수 없이 많은 사람들의 말이 사실인지 확인하는 것이다.

어떻게 해야 불가능한 것을 가능한 것으로 바꿀 수 있을까?

현실에 뿌리를 내려야 손실을 받아들이기가 쉽다. 그러므로 당당하게 손실에 맞서야 한다. 슬퍼하되 슬픔에 집착해서는 안 된다.
혼자 또는 다른 사람과 대화하며 다음 사항을 점검해보라.

- 사랑하는 사람과의 이별을 포함하여 내가 잃은 것이 무엇인지
  헤아려보자.
- 손실을 통해 내가 얻은 것이 무엇인지 알아보자.
- 내가 고마워하는 것들을 모두 느껴보자.
- 내게 의미가 있는 모든 것들에 작별을 고하자.
- 나는 모든 현상이 허무하다는 것을 알고 있으며 지금 겪고 있는
  손실이 어쩔 수 없는 인간의 운명이라는 사실도 알고 있다. 그
  사실을 아주 깊숙이 마음속으로 느끼며 내면으로 수용한다.
- 손실에 대해 느낀 바를 이야기한다. 정신적으로 그리고 육체적
  으로 어떻게 느끼는지를 구체적으로.
- 이별한 사람에 관해서가 아니라 내 감정에 대해 기분이 나아질 때
  까지 이야기한다. (이런 느낌을 글로 쓰는 것도 대안이 될 수 있다.)

성공했다면 주위에 다른 사람도 있다는 것을 생생하게 알게 된다.

이렇게 하자

손실로 인해 영혼에 가해지는 충격에 맞서라. 그렇지 않으면
우리는 사랑하는 사람뿐 아니라 우리 자신의 가능성까지 잃게 된
다. 람 다스는 이렇게 말했다.

"슬픔을 느끼지 못하면 자유도 없다."

남겨진 자가 자신의 삶을 가치 없는 것으로 느끼는, 최악의 경우, 그는 걷잡을 수 없이 무너지게 된다. 페미니스트인 앤 필립스는 이별이 얼마나 고통스러운 것인지를 잘 그리고 있다.

매시간 난 물었어.

내가 어떻게 이렇게

살아 있는지가 아니라

그저

내 심장이 어떻게 계속 뛸 수 있는지

네 심장이 멈춘 후에도…….

이별할 때 자기 자신도 함께 지워버린 것은 아닌가?

당신의 대답

____

____

____

참새의 대답

사랑하는 사람도, 나도 지우지 않아. 그건 분명해. 나는 다른 사람과 나를 그렇게 분명하게 구별하지 않거든. 물론 변화는 있어. 사랑하는 사람이 떠나면 내 안의 무엇인가도 함께 가버려. 하지만 막지는 않아. 변화가 몰고 올 새로운 것을 준비할 뿐이지.

사랑의 근심이 생각을 맴돌게 하면……

이별을 힘들게 하고
자유로운 미래로의 진입을 차단한다.

사랑하는 사람은 오고 또 간다.
그것이 참새의 관심을 끌지는 않는다.
참새는 자신의 방식으로
노래 부르며 우리의
가슴에 새로움을
불어넣는다.

탈출동기 : 자유롭게 살기

나는 사랑하고,

사랑을 끝내며,

존재를 잊어버린다.

사랑하는 사람이 가버려도
남겨진 자의 영혼은
계속 존재한다.

불안감 털어내기

불안에 대해 어떤 행동을 취하지 않으면 불안이 우리를 압도하게 된다. 스스로 만든 괴로움으로 분류되는 불안은 일반적으로 영혼의 쓰레기가 만들어낸 것이다. 불안한 생각은 노이로제를 일으킨다. 하지만 자동차가 다니는 고속도로를 느릿느릿 횡단하는 것에 대한 두려움은 우리의 삶을 보호하는 정상적인 불안이다. 흥미로운 것은 이런 정상적인 불안에 대해서는 생각이 맴돌지 않고 적절하게 대응한다는 것이다. 그러나 유감스럽게도 이러한 정상적인 불안도 생각의 회전목마를 통해 다면의 불안으로 성장할 수 있기 때문에 스스로 만든 괴로움에 포함되었다.

생각의 회전목마는 가끔 불안의 주원인이 된다. 그러므로 불안에서 탈출하기 위해 체계적으로 차근차근 접근해보자. 불필요하게 우리를 죄는 불안을 다시 한 번 구분해보자. 우리가 볼 수 있는 불안과 우리를 완전히 꽁꽁 묶어버리는 불안으로 나누어보자. 해결의 중심은 항상 같다. 피하지 말고 그대로 받아들이자. 그로써 우리는 현재에 머물며 스스로를 떠나지 않는다.

당신은 아주 구체적인 방법으로 불안을 뛰어넘을 수 있다. 다음 사항을 진지하게 생각해보라.

- 내가 헤쳐 나오지 못하는, 아주 구체적으로 느끼는 불안은 어떤

것인가?

- 나는 초월적 위치에서 불안을 보고 있다.
- 나는 의식을 집중하여 불안에 직면한다.

만약 내가 다른 사람과 함께라면 커뮤니케이션의 현재법칙을 활용하여 불안을 정확하게 묘사한다. 그런 식으로 불안을 내면으로 받아들인다. 혼자라면 스스로에게 말을 걸며 아래의 질문에 답한다.

- 나는 어디에서 육체적으로 불안을 느끼는가?
- 정신적으로는 어떤가?
- 만약 불안이 말을 할 수 있다면 무슨 말을 할까?
- 불안이 내게 원하는 것은 무엇인가?
- 아니면 내가 불안에게서 원하는 것은 무엇인가?
- 나는 불안과 대화할 수 있는가? 불안이 뭐라고 하지? 나는?
- 만약 불안이 하나의 사물이라면 그것의 색, 무게, 넓이, 재질, 온도는 어떠한가? 내가 그것을 묘사하는 동안 변화하는가? 정확하게 어떻게 변화하는가?

계속 변화하는 답변을 정확하게 느끼면서 우리는 의식을 불안으로 이끈다. 계속하여 쉬지 않고 관찰하면 불안이 사라진다. 머릿속에서 맴도는 불안, 그것이 아니면 의식의 자유!

만약 당신이 성공하면 왜소한 불안은 광활한 의식 안에서 기회를 갖지 못한다.

브룬힐트는 이웃집 여자가 집에 들어가지 못할 경우 그녀의 고양이가 먹이를 얻지 못할지도 모른다고 불안해하면서도, 그녀가 건망증 심한 사람으로 여겨지지는 않을지 불안을 느낀다. 그녀는 카린에게 이런 불안을 묘사한다.

브룬힐트 가슴께에서 불안이 느껴져. 불안은 나를 코너로 몰고 가 힘들게 해. 만약 불안이 말을 할 수 있다면 이런 말을 할 거야. '나는 너를 지켜보고 있어. 너는 내 거야.' 나는 대답하겠지. '나는 네 것이 아니야. 나는 내게 속해.' 불안이 대답할 거야. '그러기엔 넌 너무 어리석어!' 불안은 모순투성이기에 나는 화를 낼 거야. 나를 지켜보고 있다면서 나를 바보라고 몰아붙이잖아. 어쩌면 좋아! 바보라는 말은 우리 아버지가 늘 하던 소리인데! 그런데 바로 이 순간 불안이 약해지는 것이 느껴져.

이렇게 하자

불안을 현재보다 더 크고 더 무시무시하게 만들지 말자. 불안을 눌러서 없애려 하지 말고 그냥 정확하게 관찰만 하면 가능한 일이다. 우리 안에서 통제불능으로 제멋대로 날뛰게 하지 말고

불안에 대항하자. 평생 고민을 했다고 해서 생이 끝날 때 메달이
주어지는 것은 아니기 때문이다. 아무리 나쁜 일이라도 그렇게
심각하지 않을 수도 있다. 아니면?

당신의 대답

참새의 대답

나쁘거나 멋있거나. 둘 다 단면적이다. 내게 있어 나쁜 것은 나
쁘지 않으며, 멋있는 것은 멋있지 않다. 나는 그저 모든 것을 경
험한다. 물론 나는 극단적이거나 정상이다. 정상이라는 것은 불
필요한 파동이 없는 영혼과 정신의 환경이다. 그러므로 나는 단
면성이 다면성으로 대체될 때 행복을 느낀다. 그러면 나는 완벽
한 충만감을 느껴 이유 없이 그저 노래 부르게 된다.

불안으로 생각이 맴돌게 되면……

모든 것이 실제보다
훨씬 더 심각해진다.

"과거의 공포가 다시 찾아올 거야.
훨씬 더 심해져서."
이렇게 말하는 사람은
겹겹으로 영원히 맴을 돌며
참새에 대해서는
전혀 모르는
사람이다.

탈출동기 : 지루한 불안

지루해질 때까지 불안 속에
아주 오래 머무른다.

안쪽, 불안의 아주 깊은
안쪽에 자유가 고동치고 있다.

스스로 만든 괴로움 없애기

스스로 문제를 상상하던 며칠 전에
그는 얼마나 행복했던가.
_아이리스 머독

개념정의로 이 장을 시작하자.

스스로 만든 괴로움은 우리가 먹이를 줘서 불러내거나, 우리의 생각과 감정으로 악화된 것이다.

스스로 만든 괴로움이란 우리가 더 크고 더 심각하게 악화시켜가면서 집착하는 정상적인 괴로움이거나, 과거나 현재의 두려움으로 인하여 야기된, 두려움을 먹이로 하는 상상 속의 괴로움일 뿐이다.

정상적인 괴로움과 스스로 만든 괴로움의 경계선은 매우 분명하다. 정상적인 괴로움은 우리를 연약하게 만들고 슬프게 하며, 의심하게 하고 깨어 있는 상태로 만들며, 때때로 우리를 삶에 몰두하도록 강요한다. 우리를 현재로 내몰고 가끔 우리에게 깊이를 주며 우리를 우리 자신과 연결시킨다. 다른 사람에게 장애를 유발하지 않으며 함께 고통을 느끼게도 하는데, 그 이유는 드라마틱하게 변형되지 않은 그 상태 그대로의 괴로움이기 때문이다. 정상적인 괴로움을 느낄 때에는 무엇을 우선적으로 생각해야 하는지가 확실하며 삶의 본질을 확실하게 파악할 수 있다.

반면 스스로 만든 괴로움은 정상적인 괴로움과 거의 반대되는 특징을 갖는다. 스스로 만든 괴로움은 우리를 경직시키고 분노하게 하며 갈망 속에서 자기연민에 빠지거나 생에 저항하게 만들며 우리 자신에게서 우리를 분리시킨다. 또한 생각의 바퀴를 돌리며 지금 그대로의 현재를 완전히 사라지게 한다. 스스로 만든 괴로움은 정신적 활동을 통해서만 얻는 것이기에 어떤 사람들에게는 활기찬 것, 긴장된 것일 수도 있다. 스스로 만든 괴로움은 더 나아가 복수심, 싸움이나 다툼과 같은, 생에 적대적이며 불유쾌한 행위를 이롭게 하기도 한다.

스스로 만든 괴로움 속에서 우리는 긴장하게 되며, 우리의 에너지는 자유롭게 흐르지 못하고 정신적·감정적 갈망에 의해 소모된다.

브룬힐트는 자신의 괴로움 때문에 휴가 첫날 극장에 가서도 쇼를 즐기지 못했다. 그녀의 이웃이 열쇠를 못 찾았을지도 모른다는 불안감, 자신의 기억력과 총체적인 지적 능력에 대한 열등감, 유년기의 좋지 않은 기억, 아버지에 대한 반항심 등에 저항해보려 하지만 자신의 어리석음만 더 부추길 뿐이었다. 그녀는 현재를 놓치고 느끼지 못하며 수 년 동안 그녀를 경직되게 만들고 이제는 그녀 자신과 동일시되는 고통의 상像에 집착한다. 그럼으로써 그녀는 자신의 에고로 축소되었다.

에고는 생존을 위해 감정과 극적인 소재를 필요로 한다. 따라서 스스로 만든 괴로움은 그만큼 강도가 높다.

이 괴로움은 그 자체의 무게 때문에 진실로 느껴지며 우리를 잘못된 길로 인도하기도 한다. 스스로 만든 괴로움이 야기하는 정신적 경직성 때문에 우리는 정상적인 괴로움보다 훨씬 더 많은 고통을 느끼며 그것에 압도된다.

그러면 우리는 어떻게 이 고통을 풀까? 그 방법은 항상 같다.

• 감정에 압도되는 대신 우리 스스로와 만나자.

• 생각의 회전목마에서 탈출하여 현재에 도달하자.

- 의식이 있고 깨어 있는 상태에서 바로 지금을 있는 그대로 받아들이자.

이 방법을 활용하기 위해 생각의 회전목마를 정지시킬 탈출동기를 찾자.

감정적·정신적 발작에서 빠져나오기

위에서 묘사한 경계선을 구분할 수 있는 판단력을 우선 계발하자. 우리는 우리 스스로 먹이를 주고 키운 괴로움이 모기만 한 크기에서 코끼리만 한 크기로 변하는 순간을 알게 된다. 이와 같은 괴로움의 먹이는, 우리의 건설적이며 자유로운 행위를 지치게 하고 우리 자신을 희생물로 만드는 저항이다. 이러한 저항은 여러 면에서 도무지 쓸모가 없다.

- 우리는 행동의 가능성을 제한하여 자신을 희생물로 축소시킨다.
- 우리는 지금 진행되는 사건에 대항하고 싶어한다. 그것은 정상적인 괴로움일 수 있으나 우리 스스로 더 심각하게 만들며, 정상적인 현재일 수 있으나 우리 스스로가 공포에 빠져 미래를 그늘지게 하기도 한다.
- 지금의 상황이 마음에 들지 않는다면 그것을 변화시키기 위해 명석한 머리를 필요로 한다. 머릿속을 맴도는 감상적인 드라마 같

은 것말고.

우리가 일상생활에서 얼마나 자주, 얼마나 많이, 어떤 고통의 파편을 필요로 하느냐를 제대로 알기만 해도 우리는 그것을 '그대로' 둘 수 있다. 저항을 포기하고 되돌아가려는 움직임을 인정하자. '그렇다'라고 인정하는 것은 항상 좋다. 포기하는 심정으로 인정하며 오물더미에서 구르라는 말이 아니라 좋은 위치를 확보하기 위해서 인정하라는 것이다.

구체적으로 이렇게 해보자

당신의 생에서 불쾌했던 것과 멋있었던 기억을 헤아려보고, 바로 지금 그 경험들을 원한다고 스스로에게 말하라. 그 당시의 상황도 그랬지만 바로 지금도 그런 불행한, 또는 행복한 상황에 놓여 있기 때문에. 그런 후 내면에서 이렇게 인정을 할 때 느낌이 어떤지 스스로나 다른 사람에게 이야기하라.

우리는 이미 브룬힐트의 이야기를 알고 있다. 카린이 이 책을 읽게 된 동기가 무엇인지 좀더 자세히 살펴보자. 그녀는 2년간 풀비오와 달콤한 사랑을 나누다 그를 떠나보냈다. 풀비오는 대단한 부자인데다 정열적인 이탈리아인이었다. 무엇보다도, 인생을 재미있고 의미있게 만들어주는 예술을 이해하는 사람이었다. 직업이 없었던 카린에게 풀비오와의 생활은 향연 그 자체였다. 이탈리아에 있는 멋진 집, 멋진 자동차, 그보다 더욱 멋진 사랑의 유희들……. 거기서 카린은 다혈질적인 성격, 병적인 질투심, 우울증 등 풀비오의 어두운 면을 관대하게 받아주었다. 그렇다가 간단하게 말하자면 풀비오가 사라져버렸다. 다른 여자 때문이 아니라 카린이 그에게 냉담해졌다고 오해를 하고. 풀비오 스스로 꾸며낸 파멸적인 상상이 이 사랑스러운 한 쌍에게서 행복을 빼앗아가버렸다.

카린은 고통스러웠다. 그녀는 전과 다름없이 풀비오를 사랑했으나 연인과 그의 세계를 갑자기 잃게 되자 다시 자기 자신에게로 돌아왔다. 그녀는 사랑의 가치와 고통을 느꼈으며 자신이 버림받았음을 알았다. 지금까지의 상황은 실제이고 정상이다. 그녀는 울었고 대신 친구들의 이해와 친밀감을 얻었다. 그녀는 서서히 고통을 극복해갔고 자신이 풀비오의 어두운 그늘에 얼마나 가려져 있었는지 그리고 그것을 얼마나 미화시켜왔는지를 알게 되었다.

그녀는 거의 회복되어 진정한 파트너인 미카엘을 발견했으나 갑자기 스스로 만든 괴로움에 부딪치게 되었다. 풀비오와의 사랑이 얼마나 아름다웠는지, 그가 그녀를 떠난 것은 얼마나 야비한 일인지, 삶이 얼마나 불공평한지, 그녀가 얼마나 고통을 겪고 있는지, 그를 더 이상 포옹하거나 애무하지 못할 것이라는 생각을 끊임없이 머릿속에서 되뇌었다. 너무 고통스러워, 정말 고통스러워! 그녀는 좋은 면만을 보고, 그것들을 더 이상 가질 수 없음을 그저 고통스러워했다. 일생에 단 한번 그녀는 소중한 존재였는데, 이제는 지나갔다. 영원히! 친구들은 더 이상 그녀를 이해하지 못한다. 이제는 그녀와 정말 잘 어울리는 친절한 미카엘밖에 남아 있지 않다. 그녀는 그를 사랑하고, 그도 그녀를 사랑함에도 풀비오 때문에 아직까지 연극을 하고 있는 것이다! 몇 달 후 카린은 브룬힐트와 함께 해변에 앉아 다음 탈출동기에 몰두하고 있다.

카린 브룬힐트, 나는 그 멍청한 풀비오에 대해 더 이상 생각하지 않을 거야. 다시는! 오늘 피렌체로 다시 한 번 슬픈 추억의 여행을 다녀왔어. 하지만 많은 것을 얻지는 못했어. 이런 생각들로 고통을 겪다니 내가 미쳤지.

브룬힐트 바로 그거야! 스스로 만든 괴로움! 그런데 너는 그를 아직도 사랑하는 것 같은데.

카린 설사 그렇다 해도 머릿속 가득 이런 자기연민을 담고 다닐 이유는 없지.

브룬힐트 그 말은 네가 첫 번째 과정을 성공적으로 통과했다는 뜻이군. 너는 정상적인 괴로움과 스스로 만든 괴로움의 차이를 알고 있어.

카린 유리를 들여다보는 것처럼 환하게.

브룬힐트 그럼 이제는 인정을 하고 탈출할 때야. 그냥 그렇게 해봐. 아무것도 빠트리지 말고. 이별의 장점까지 잊지 말고.

카린 그래, 좋아. 나는 풀비오가 떠났다는 것을 인정해. 그리고 내가 자기연민에 빠져 있다는 것도. 그러나 유령은 아직 남아 있어.

브룬힐트 지금 어떤 상태인지 자세히 살펴봐.

카린 지금 여기서 휴식을 취하고 있으며 풀비오가 또 언제 화를 낼지 몰라 불안해할 필요도 없어. 이제 내게는 미카엘을 위한 공간이 만들어져 있어. 나는 부당한 복종, 잘못된 판단, 상처가 더 이상 내 삶에 남아 있지 않다는 것을 인정해. 그런 것들은 쉽게 인정할 수 있어. 그리고 풀비오와 좋았던 시간이 가버렸다는 것도 인정해. 지금 상황을 인정해.

브룬힐트 그래서 어떤 느낌이 들어?

카린 나는 강해졌고 확신에 차 있으며 현재와 미래를 위한 힘도 얻었어. 하지만 그 모든 걸 인정함으로써 잊어야만 한다는 게 고통스럽기도 해.

브룬힐트 만약 그 고통을, 남겨진 자의 고통을 인정하면 모든 것이 추억으로 남을 것 같은데.

카린 응. 그 고통은 다시 정상적인 괴로움의 영역에 들어 있어. 이렇게 쉬운 것을!

브룬힐트 그렇지, 벌써 이룬 거야!

감정적 · 정신적 발작을 성공적으로 끝낸 사람은 모든 사물을 있는 그대로 사랑하면서 탈출을 위한 최적의 기회를 얻기 위해 노력할 뿐이다.

이렇게 하자

삶을 부인하며 영혼을 정체시키지 말고, 스스로가 만족한 생활을 하지 못한다는 이유만으로 다른 사람들과 어리석은 유희를 하지 말자. 에세이 작가인 뤼디거 자프란스키는 이렇게 말한다.

"스스로에게서 찾지 못하는 것을 다른 사람에게서 구하거나 그 사람에게서 그것을 파괴하고자 하는 것 역시 인간 사이에 적대감을 만든다."

행복으로 가는 최단의 지름길은 패가 좋은 나쁘든 자신의 카드와 친해지는 것이 아닐까?

당신의 대답

____

____

____

참새의 대답

나는 이기거나 지려고 살지는 않아. 나는 놀이를 하기 위해 살아. 그래서 카드를 가지고 있다는 사실이 기뻐. 그 패가 어떻든.

생각의 회전목마에 가속도를 붙이며
감정이 맴돌면……

우리는 그것을 부인한다.

참새는 감정이 자신을 모방했다는 생각에
완전히 모욕당한 기분이다.
불쌍한 참새는 그릴에
구워지다 완전히
타버렸다.
너무하지
않아?

탈출동기 : 현실에 착륙하기

다른 사람들 대신

나 스스로에게서 자극받는다.

내가 변화시킬 수 없는 것은 수용한다.

**현실의 땅 위에 단단히 서 있는 사람은
꿈에서 깨어나 부드러운 공기 속에서
더 잘 날 수 있다.**

불행에서 벗어나는 방법

이제까지 모든 것의 원인은 불행에 집착하는 것이라고 말해왔기 때문에 어찌 보면 맴돌기를 멈추기 위한 전략은 옆길로 빠진 듯 보인다. 철저하고 섬세하게 자기관찰을 하면 고통에서 보상, 만족 또는 즐거움을 얻는 특이한 양상을 확인할 수 있다. 확실한 변화의 발걸음을 내딛는 대신 항상 그 불행에 대해 생각하고 말하게 되는 특이한 강제성이 그것이다. 이런 강제성 때문에 생각의 회전목마는 일정 기간 존속하게 된다. 따라서 변질된 불행의 쾌감을 즐거운 쾌감으로 변화시켜 삶이 정말 살 만한 가치가 있다는 것을 깨우쳐주는 것이 무엇보다도 가치 있는 일이다.

별로 바람직하지 못한 이유 때문에 우리의 잘못된 간접 만족을 비방하는 경우도 있다. 그런 사람들은 고통스러운 상황에 처하면 '우회로'(도덕적 우월성이라는 보상)를 선택하려 한다. 이럴 경우 한 가지는 분명하다. 즉 그들은 두 번째 선택사항(도덕적 우월성 등)이 사라지면 다시 첫 번째 선택사항이었던 불행의 쾌감으로 회귀한다. 그러므로 우리는 다음의 두 단계를 거쳐야 불행에 집착하는 행태를 타파할 수 있다.

첫 번째 단계에서는 당신이 이런 비밀스럽고 특이한 불행의 쾌감을 느끼고 있지는 않은지 그리고 그것에 얼마나 집착하고 있는지 관찰하라. 그때 분류나 평가는 하지 말고 다른 어떤 생각도 하지 말고 그저 단순하게 어떤 느낌인지에만 초점을 맞추어야 한다. 중요한 것은 지금의 이것, '불행에 집착하는 열정'이 무엇인지에만 의식을 집중시키는 것이다. 깊이 직시하면 할수록 생각의 바퀴는 빨리 돌고, 현재의 상황을 내면으로 수용하면 할수록 그것에 접근하게 된다. 바로 이런 과정을 통해 원하지 않는 상태에 변화를 가져올 수 있다. 여기에 다시 적용되는 원칙. 의식 아니면 뇌의 쓰레기!

두 번째 단계에서는, 의식을 돌리는 실험을 할 수 있다. 나는 그것을 '불행에 침묵하기'라고 부른다. 그 말은, 과장을 함으로써 '의식의 흐름'의 속도를 줄인다는 의미이다.

브룬힐트와 카린은 다시 해변의 카페에 앉아 이 실험을 할 생각이다.

카린 너 뭐 생각나는 것 없어?

브룬힐트 전에 프란츠 요셉에 대해 이야기했었지. 그는 내 파트너였어. 같이 살지는 않았지만 관계는 그랬어. 잠깐, 나는 지금 내 불행이 어떤 손실을 입혔는지를 의식화하기 위해 과장실험을 하는 거야. 좀 창피하기는 하지만.

카린 시작해봐!

브룬힐트 오케이. 나는 프란츠 요셉의 비열함을 즐기고 있어. 그럼으로써 내 영혼이 제대로 고통받는 거지. 그가 내게 관심을 두지 않고 무시하며 나를 받아들이지 않으면 나는 오히려 즐거워. 아주 솔직하게 말하면 그가 내게 관심을 두지 않으면 좀 실망스럽기는 해. 물론 겉으로는 그가 건네주는 꽃을 기쁘게 받아들지. 하지만 그가 내 생일을 잊고 있으면 거기서 더 크고 더 깊은 만족감을 얻어. 필요하다면 생각을 지어내 부정적인 그림을 그리기도 하지.

카린 그렇게 솔직하게 말해주니 훌륭해. 느낌이 어때?

브룬힐트   한편으로는 우리가 그렇게 인정사정없이 서로에게 솔직할 수 있다는 점에 높은 점수를 주었어. 그러나 다른 한편으로는 이렇게 과장을 통해 나 스스로 가면을 벗고 불행을 추구하면서 내 발 밑의 땅까지도 없애버리는 느낌이 들었어. 그렇게 바보스러운 짓은 무의식적으로나 가능하지, 의식적으로는 불가능하다는 말도 있잖아.

카린 그것은 이 책의 내용이기도 해. 괴로움의 킬러로서의 의식.

불행에의 집착에서 성공적으로 벗어난 사람은 큰 기쁨을 누리며 드라마틱하지 않은 삶을 산다.

이렇게 하자

불행을 자세히 관찰하여 자신을 괴로움으로 몰아넣는 것들이 에너지를 얻지 못하도록 하자.

"심리학자 존 카바트-진이 밝혀낸 것처럼 그의 환자들은 괴로움을 불러일으켜 악화시키는, 고통과 불안에 찬 악마의 영역을 그저 자신의 생각과 신체적 감각을 관찰하는 능력을 개발함으로써 깨뜨릴 수 있었다."

여기서 악마의 영역이란 괴로운 생각으로 중무장한 상태를 말한다. 우리 중 누구도 그러한 영역에 갇혀 있고자 하는 사람은 없다. 그런 것은 정상적으로는 재미있다고 할 수 없다, 아니면?

당신의 대답

참새의 대답

나는 원하는 것만을 원하기 때문에 중무장을 하지 않고, 생각 속에 가라앉지도 않아. 그래서 나는 사람들이 나를 갖고 있는지, 갖기를 원하는지 아니면 원하지 않는지조차도 개의치 않아. 아무래도 상관없거든. 물론 더 많은 사람들이 나를 가지고 있으면 세상은 좀더 즐겁고, 가볍고, 편안하겠지만. 그럼, 많은 사람들이 더 이상 내게 관심을 두지 않아도 될 텐데. 아, 예!

불행이 우리를 원하지 않는
생각의 회전목마로 밀어 넣으면……

긍정적인 것들이 갇히게 된다.

우리가 받은 상처와 모욕에 휘감긴
어린 참새는 날개가
묶여 날고 싶어도
날지 못한다.

탈출동기 : 불행이여, 안녕!

나는 내 자신에게 관대하다.

나는 불행을 금지한다.

행복한 이는 시간을 못 느끼지만
불행한 이는 1초, 2초까지 느낀다.

스스로 만든 괴로움에 맞서라

우리 자신의 힘을 잠식하는 생각의 쓰레기를 통해 스스로 만든 괴로움을 강화시키면 처음에는 그 괴로움이 야기하는 감정에 집중하게 된다. 그 다음에는 우리가 그 모든 것을 정말 느끼고 싶어 하는지 묻게 된다. 우리 스스로 괴로움에 얼마나 기여하는지를 확실하게 인식하면 할수록 그런 행위를 그만두어야 한다는 결심은 확고해지며 더욱 힘을 얻는다. 의식적 수용이 이미 변화의 일부를 이룬 것이다.

스스로 만든 괴로움에 대항하려는 결심은 다음 세 가지 방법으로 실천할 수 있다.

첫째, 내면에서 스스로 만든 괴로움의 풍랑에 부딪치면 결심을 강화하고 유지하며 현재를 인정하고 현재에 열중하며 숨을 깊게 쉬고 지금 무엇이 내게 좋은지를 스스로에게 묻는다.

둘째, 당신을 괴로움으로 질식시켜 항복을 받아내려는 것들에게 한 치의 빈틈도 주지 말라. 다른 사람과의 관계에서는 아주 직접적으로 그리고 광범위하게 말하되 원한을 품지 말라. 물론 이때 당신의 노여움이나 불쾌함이 적으면 적을수록 원한은 적어진다. 다시 말하면, 당신이 깨어 있으면 있을수록 언제 괴로움이 시작되는지를 빨리 깨닫게 된다.

셋째, 다음의 문장을 당신 마음대로 완성하라.

나는 이 기회를 (다음과 같이)

끝내고 (다음과 같이) 더 나은 방향으로 진행시킬 것을 결정한다.

여기 예가 있다. 비르기트는 프란츠에게 배를 타고 싶다는 말을 요 몇 주 사이에 일곱 번이나 했다. 둘은 싸우지 않았고, 관심이 없는 것도 아니므로 프란츠는 당연히 비르기트의 마음을 알고 있다. 그러나 그는 기분이 좋지 않은데다 그녀의 말에 대해 자신이 품고 있는 부정적인 감정들을 감지하고 있다. 그는 불쾌한 감정을 여과 없이 드러낸다.

"비르기트, 네가 배를 타고 싶어하는 건 알아. 적어도 일곱 번은 이야기했으니까. 지금 기분이 안 좋아. 내게 한 번 더 다짐해 두려는 것이거나 아니면 나를 진정한 대화상대로 생각하지 않는 것 같은 느낌이야. 그것도 아니면 네가 건망증이 있거나. 애인인 나를 언제나 존재하는 대상이 아닌 진실한 대화상대로 생각하기나 할까 하는 위기감까지 들어. 아니면 내가 이제까지 보여주지 않던 다른 반응을 기대한 거야?"

불편한 마음을 표현하는 게 즉각적으로는 즐거움을 주지 않는다. 그러나 참다가 폭발하는 것보다는 낫다. 원한은 항상 (가끔은 우리가 느끼지 못하는) '범인'에게 되돌아가기 때문이다. 직접적이며 완전한 표현으로 부정적인 것들이 해소된다. 그렇지 않으면 부정적인 것들이 우리 뇌의 바퀴를 회전시켜 우리 자신을 사냥하게 된다. 우리 자신을 불필요하게 옭아매지 않도록 그리고 없는 괴로움을 더 만들어내지 않도록 진지하게 결정을 내릴 수 있다. 다음번에는 확실하게 직접 이야기해야지 하는 마음만 먹어도 우리 뇌 안의 네거티브 필름은 생산되지 않는다.

어떤 결과를 얻기로 결심한 사람은 불확실성 속에서 주저하지 않으며, 지난 일들을 낱낱이 떠올리지 않는다.

이렇게 하자

낡고 새로운 쓰레기들을 쌓아올리는 대신 버리기로 결심하자, 스스로와 대면하되 불필요하게 오래 머물지 말자. 작가인 시오란의 말을 이런 의미에서 이해할 수 있다.

"바다 앞에 서 있자니 지금까지의 실패가 떠올랐다. 그 무지막지한 연극을 눈앞에 보고 있자니 내 자신에게 집중하는 일조차 쉽지 않았다. 그래서 나는 즉시 주제를 바꿨다."

어떤 주제를 바꾸는 것이 도움이 되는가?

____

____

____

참새의 대답

만일 누군가가 나를 가지고 있다면 모든 주제를 동시에 갖고 있는 것이기 때문에 그 결과 어떤 주제도 갖지 않은 것과 같아. 그러므로 어떤 하나의 주제를 바꿔야 하는 곤란한 상황은 발생하지 않아. 그리고 내게 도움이 되는 것은 바로 이 상태가 어떤 주제에도 상처를 주지 않는다는 것이지. 어떤 의미에서 나는 모든 주제 위를 날고 있어. 나는 그들을 잘랐다가 금방 다시 붙일 수도 있지. 내 영혼의 평화를 파괴하는 어떤 생각에도 힘을 실어주지 않아. 내가 우위에 두는 것은 이런 생각이나 저런 생각이 아니라 모든 것에 대해 무관심함으로써 얻게 되는 깊은 즐거움이지. 이 말이 극단적으로 들릴지도 모르지만 내가 집착을 하든 그렇지 않든 삶이 그래. 그래서 나는 어떤 생각으로 심각해지지는 말자고 결정했지. 그 대신 내가 있으니까!

결정을 함으로써
생각의 회전목마에서 자유로워지면……

새로운 것이 곧 시작된다.

짝! 결정을 하기까지 길기만 했던
시간의 터널에서 나오자.
자유를 찾은 참새는
얼마나 기쁜지.
자유롭게 날고 노래 부를 수 있다.

탈출동기 : 결정하기

나를 위해 결정을 내릴
용기를 가진다.

결정을 한다는 말의 뜻은
옛것으로부터 분명히 분리되어
새로운 것을 준비한다는 뜻이다.

걱정에서 자유로워지려면

그랬다면 어떻게 되었을까 하는 생각과 걱정. 그들은 완전히 비현실적이다. 어떤 경우라도 우리는 생각과 자신을 동일시하고 있음이 드러난다. 생각의 회전목마는 미래를 꾸며내며 불안감을 조성한다. 이렇게 만들어낸 미래는 존재하지 않기 때문에 우리가 그것과 부딪칠 가능성은 전연 없다. 정신적 유령일 뿐이다. 물론 걱정거리와 신중하고도 현명한 장래계획은 구별해야 한다. 두 가지는 서로 다른 특성을 갖고 있다.

- 걱정은 멈추지 않고 우리 스스로를 약하게 만들며, 불안하게 하고 회전목마의 연료가 되며, 우리를 현재로부터 단절시키고 건설적인 결과를 내지 않는다.
- 신중한 장래계획은 그와는 반대이다. 당면한 문제를 현명하게 해결함으로써 우리를 강하게 하고 긴장을 풀어준다. 목적이 있는 계획은 현재에서 실행가능하며 보통 건설적인 결과를 낳는다.

다음 질문에 답하면서 첫 번째 단계에 진입하자. 신중한 장래계획으로 대체할 수 있는 걱정거리가 있는가? 우리는 항상 현재에서만 행위를 할 수 있기 때문에 다음 단계가 그 질문에 대한 답이 된다. 3일 뒤, 10년 뒤, 사후 지옥에서가 아니라 지금 내가 가지고 있는 문제는 무엇인가? 현재를 관찰함으로써 그 안에 문제가 있는지 아니면 그저 단순히 즐길 수 있을지를 구분할 수 있다.

그리고 어쩌면 뇌의 벽에 재미삼아 악마를 열 개쯤 그림으로써 쾌감을 느낄 것이다. 이런 과장은 오직 의식적으로만 가능하다. 이로써 무의식적인 생각의 회전목마가 깨지고 두려움이 줄어든다.

현재를 완전히 인식하고 있으면 걱정이 들어설 여유가 없다. 간단한 실험이 이런 정황을 증명한다. 현재를 완전하게 즐기면서 동시에 걱정을 만들어보라. 그것이 불가능하다는 것을 확신하게 될 것이다.

걱정을 하지 않는 사람은 현재의 상황을 개척해나가며 확신에 차 미래에 헌신한다. (확신이 없는 사람은 좀더 쉽게, 현재에 충실하자.)

브룬힐트와 카린은 해변에 누워 있다.

카린 무슨 걱정 있어?

브룬힐트 조금. 고양이와 열쇠 때문에. 그렇지만 전화한 후에는 당연히 사라졌어.

카린 바로 그거야! 그 당시 문제가 있다고 판단된 부분에 적절하게 대응을 했기 때문에 걱정거리가 해소된 거야. 아주 쉽게 해결했구나.

브룬힐트 그래. 문제를 해결한 후에는 걱정거리가 사라졌지. 그런

데 지금은 왜, 무슨 걱정이 있는 거야?

카린 유감스럽게도 혼란스러워. 정말 불필요한 것들 때문에. 만약 이 책의 저자가 리스트를 만들었더라면 내 걱정은 '지나친 걱정'의 카테고리 안에 들어 있을 거야.

브룬힐트 긴장감이 넘치는데! 이야기해봐!

카린 웃으면 안돼. 난 스스로, 정확하게 말하자면 내 스스로 걱정거리를 만들고 있어. 풀비오가 아직 살아 있을까 걱정돼. 그는 항상 자살에 대해 말하곤 했거든. 상상 속에서 난 어떤 소식을 받아. 길가 무덤 옆의 어떤 나무에 그가 목을 맨 거야. 그 옆에는 그의 멋진 차가 서 있고. 아니면 익사체로……. 그를 구하기 위해 좀더 노력했어야 하는 것은 아니었는지 하는 생각도 들고. 그리고 나의 경제상황에 대한 걱정도 되고. 나이 들어서 좋은 양로원에 갈 수 없을까 걱정도 되고.

브룬힐트 네 나이가 몇인지 말해봐.

카린 어머나, 쑥스럽다. 스물여덟인데.

브룬힐트 이제 우리 풀비오는 지워버리자. 지금부터. 그리고 네 경제 상황은 우리가 심사숙고를 해야지. 그 문제는 연필과 종이를 가지고 카페에 앉아서 해결해보자. 가자!

이렇게 하자

구체적으로 무엇인가를 하든지 아니면 계속 걱정이나 하라.

시인이며 소설가인 노발리스도 타인에 의해 좌지우지되는, 걱정에 가득 찬 소설 속의 인물이 되기보다 스스로 삶을 이끌어갈 것을 주장했다.

"삶은 우리에게 주어진 소설이 아니라 우리가 만들어가는 소설이 되어야 한다."

당신 삶의 소설에서 다음 장은 어떤 모습이 되어야 할까?

당신의 대답

____

____

____

참새의 대답

대답하기가 쉽지 않은데. 나는 전혀 수동적이지 않고 운명론자도 아니며 일이 닥치도록 그냥 기다리고 있지도 않아. 나는 내 인생의 소설을 직접 쓰지 않아. 나는 공격적인 활동가가 아니라 책임을 지는 활동가야. 쓸데없는 생각으로부터 내 자유를 가능한 한 최고로 보장해주는 태도나 행위는 무엇일까? 나는 이미 그 답을 알고 있는데, 누가 이미 참새를 가지고 있지? 오, 예!

걱정이 우리 생각을 최고 속도로 맴돌게 하면……

머릿속 쓰레기로는 완벽하다.

참새들은 우리 머릿속이 비어서
자유롭게 날 수 있기를 바란다.
그러나 의미 없는
걱정거리들 때문에
정신의 날개가
잘린다.

탈출동기 : 걱정거리 없애기

나는 걱정을 없앤다. 글로 쓰고, 자세하게 관찰하고,
몰아내고, 가장 심각한 걱정조차 내가 걱정하는 만큼
그렇게 심각한 것은 아니라고 내게 설명한다.

삶에 복귀하였는가 아니면
아직도 걱정을 하고 있는가?

기다림에서 벗어나기

기다림은 그에 수반되는 분위기에 따라 각기 다른 특징을 갖는다. 우리는 참지 못하고 신경이 곤두서거나 긴장하며 기쁨에 들떠 기다린다. 마지막 것은 초대받았을 때 느끼는 감정과 비슷하다고 볼 수 있다. 이것은 현재를 부정하는 범주에 들지 않는다. 기쁨은 긍정의 느낌으로서, 현재에 의미를 두는 것이기 때문이다.

우리는 기다림을 질적으로, 양적으로 구별할 수 있다. 버스, 우편물, 아름다운 날씨를 기다리느냐 또는 아이들이 옷을 갈아입기를 원하느냐, 백마 탄 왕자를 구하는가, 시어머니가 이민 가기를 원하느냐에 따라 다르기 때문이다. 가장 심각한 경우는 삶이 그냥 흘러가기를 기다리는 것이다.

기다림은 우리가 가지고 있는 것은 원하지 않고, 갖지 않은 것을 원하는 심리상태이다. 기다리는 사람은 현재에서 도망쳐 정말로 그렇게 사는 것을 가능하게 해주는 시간을 그냥 놓쳐버리게 한다. 원하는 미래에서 나와 현재로 갈아탈 때만 기다림을 끝낼 수 있다. 다른 말로 표현하면, 원하는 미래는 오로지 우리 머릿속에서만 존재한다.

원하지 않는 현재에 대비되어 설정된 이런 상은 우리의 현재를 바꾸어버린다. 생각의 회전목마가 지닌 부작용 중 하나는 행위영역을 뛰어넘는다는 것이다. 기대와 고대 속에서 우리는 바보가 되어간다.

희망하는 미래에 집착하는 것은 첫째 그것이 정말 실현가능하고, 둘째 이미 현재에 발판이 걸쳐져 있어 한 발자국만 내디디면 되는 경우에만 의미가 있다. 다른 경우엔 괴로운 생각의 회전목마가 기다림의 뿌리를 내린 채 우리를 마비시키고 영원히 돌아오지 않을 그 날은 손가락질하며 우리를 놀린다. 그런 상황이 우리에게 특별히 동기부여를 해주지는 않으므로 우리는 우리를 마비시키는 기다림의 정신 상태를 차라리 끝내고자 한다.

 다음의 질문들을 해보자.

- 내가 기다리는 것은 정확하게 무엇인가?
- 그로 인해 지금 놓치고 있는 것은 무엇인가?
- 현재를 더 매력적으로 만들기 위해 기다림 대신 무엇을 할 수 있는가?
- 기다리던 것이 오면 내가 거기에 머물 수 있을까?
- 거기 머물 수 있는 능력을 얻기 위해 어떻게 해야 할까?
- 나는 얼마나 의미 있게 사는가?

정신이 기다림에 머무는 것을 피하기 위해서는 우선 기다림을 의식해야 한다. 즉, 지금 무엇이 일어나기를 기다리는지 관심을 돌리는 것이다. 이렇게 현재와 우리 스스로를 연결하여 생각이 맴도는 자의 위치에서 벗어나면 기다림의 정신 상태도 사라진다.

브룬힐트와 카린은 해변을 거닐며 기다림을 끝내기 위한 도전에 대해 이야기한다.

브룬힐트 넌 현재에 완전하게 충실한 적이 있었어, 카린?

카린 그럼. 풀비오와 나누었던 성적 모험을 생각하면…… 그것은 순수한 현재였어.

브룬힐트 그래, 맞는 말이야! 그러나 그 생각을 통해 지금 계속 풀비오에 대해 생각하는 것은 아니겠지, 아니면?

카린 풀비오? 그가 누구지? 여기 바닷가에서 즐길 것들이 이렇게 많은데 슬픈 고통의 기억은 접을 거야.

브룬힐트 우리는 이미 아주 잘하고 있어. 오늘이 벌써 3일째인데 고양이에 대해서도 별로 걱정하지 않고 있어.

카린 내 생각인데, 우리는 메달감이야. 지금 열여섯 번째 전략으로 들어가고 있거든. 기다림이 무엇인지 알고 있어?

브룬힐트 글쎄. 가장 많이 기다렸던 적이 있었는데 그 얘기를 솔직하게 털어놓을게.

카린 메달 수여는 뒤로 미뤄지겠군. 시작해!

브룬힐트 뇌가 가리가리 뜯기는 것 같은 기다림은 결코 나타나지 않는 무엇을 기다리며 동시에 그 다음 것을 기다리는 거야. 아침에는 저녁을 기다리고 저녁에는 다음날 아침을 기다려. 아니면 오지도 않는 프란츠 요셉을 기다리면서, 동시에 그가 다시 떠날 때를 기다리지. 너는 어떤데?

카린 아, 나도 나을 것이 없어. 멀리 휴가를 떠나기만 학수고대하다가 막상 휴가가 시작되면 첫날부터 바로 향수병이 시작되는 거야. 이번 휴가는 좀 다르지만. 의식훈련을 통해 시간이 훨씬 길어지고 농축된 느낌이 들어.

브룬힐트 나도 마찬가지야. 너 지금 무엇인가를 기다리는 거 아나?

카린 나도 모르게 점심을 기다리고 있었어. 배고픈데.

브룬힐트 그럼 우리 해변 식당에 가서 무얼 좀 먹자.

카린 육체적인 결핍이 현재에의 완전한 집중에 장애가 되네.

브룬힐트 그러므로 정확하게 자신의 상태를 인지하고 있을 때만 만족을 얻을 수 있어.

카린 맞아! 그렇지 않으면 중간에서 항상 에너지를 빼앗기지. 우리는 다시 얻었어.

카린과 브룬힐트 (동시에) 지금 상태를 정확하게 느끼기.

더 이상 기다리지 않는 사람은 현재를 즐긴다.

이렇게 하자

어떻게 그리고 언제 우리의 실제 삶이 시작되는지를 알아내자. 미국의 유명한 영성가이며 작가인 토머스 머턴이 쓴 감동적인 글이다.

"오랫동안 삶은 매순간 새롭게 시작되는 것으로 보였다. 내 진짜 삶이. 그러나 항상 무언가는 어디 중간에 걸려 있었다. 내가 우선 손에 넣어야만 했던 어떤 것, 우선 끝을 보아야만 했던 일, 우선 흘려보내야만 했던 시간, 우선 갚지 않으면 안 되었던 빚. 그러다가 내 삶이 시작되었다. 결국엔 이런 장애가 내 삶이었다는 것을 서서히 깨달았다."

당신의 생각은?

____

_______________________________   ___________

____

참새의 대답은?

짹 짹!

기다림에서 탈출하면……

매순간이 축제다.

참새를 가진 사람은 처음에는
지저귀는 새소리를 듣고,
다음에는 여기저기서
너와 나에 대해서,
하늘에 있는 구름 사이에서
옳고 그른 소리를 들으며,
말할 수 없는 행간 사이의 의미까지…….

탈출동기 : 지금, 지금 또 지금…….
용기를 내어 최단의 지름길을 택한다.
여기서 시작하여 여기까지.

**기다리는 사람은
사이사이의 즐거움을 놓친다.**

현재에 닻을 내려라

카린 우리는 지금 '현재에 닻을 내려라' 편에 들어왔어.

브룬힐트 사실 책 전체가 하나의 주제를 다루고 있는 것이나 마찬가지야. 첫 번째 탈출동기에서는 '의식 혹은 생각'이라는 주제를 다루었지. 내가 내린 결론은 우리를 고통스러운 생각과 꼬치꼬치 캐고 되씹는 행위와 동일시해서는 안 된다는 거지. 우리는 그 이상의 존재니까. 생각의 회전목마에 갇히는 대신 의식을 모아 관찰하면 이것을 더 잘 느낄 수 있어.

카린 바로 그거야! 열쇠나 풀비오처럼 부담을 주는 생각에 우리 자신을 한정시키면 우리의 총체적 자아는 '에고'로 축소되고 말아.

브룬힐트 그리고 에고와 자아를 구별하는 것도 중요해.

카린 자아는 오로지 현재에서만 느낄 수 있어.

브룬힐트 그 다음에는 우리가 현재에 얼마나 동화하느냐가 중요해.

카린 아하, 예, 영원한 휴가. 현재에 동화하기! 스스로를 연다는 의
　　미에서 그리고 떠돌지 않는다는 의미에서.

브룬힐트 우리가 현재에서 사라지는 것일까?

카린 그래, 난 그렇게 이해해. 에고가 없어지는 거지. 에고는 불안
　　해하며 젖니처럼 자신과 동일시할 수 있는 모든 것에 달라붙어
　　있으려 하지.

브룬힐트 에고는 자아로 들어가는 입구를 가로막는 아주 조그맣고
　　가소로운 것에 불과한데도 우리는 에고의 해체를 죽음만큼이나
　　공포스럽게 여겨. 그렇지 않아?

카린 그래, 맞아.

브룬힐트 그런데 그 말은 자아는 불멸이라는 거야?

카린 적어도 현재의 완벽한 경험 속에서는, 즉 자아가 활짝 만개한
　　상태에서는 죽음의 공포가 없지. 그리고 그것을 나는 실제 내 경
　　험에서 증명할 수 있어. 만약 내가 완벽하게 지금에 속해 있다면,
　　충만한 상태에서는 영원을 느껴.

브룬힐트 그러나 그것은 너무 사변적이야.

카린 물론, 사변적이야. 생각으로 볼 때는 사변적일지 모르지만 경
　　험을 두고 볼 때는 좀 달라. 현실이기 때문이지.

브룬힐트 그렇다면 승리의 여신은 다시 경험의 편이지, 생각의 편이
　　아니야.

카린 바로 그거야! 그리고 경험이란, 이 책에 뭐라고 써 있더라?

브룬힐트 이렇게 쓰여 있을 거야. 자신의 자아에 머물러라. 평가하지 않는 순수한 의식 속에서 현재를 완전하게 경험하면 에고가 몰고 오는 모든 장애가 제거될 것이다.

카린 이제 모든 것이 확실해져서 생각의 회전목마에서 뛰어내릴 단계에 이르렀어.

브룬힐트 기꺼이. 나도 지금 더 이상 괴로운 생각과 감정을 더하지 않고, 우리 자신과 현재로부터 유리되지도 않고 스스로 만든 괴로움과 정상적인 괴로움을 구별하는 법을 이해했어. 좋아, 나는 지금 해변에 있어. 우리 계속하자.

현재의 닻으로서의 육체

육체와 감각을 통해 우리는 현재와 잘 연결될 수 있다. 어떤 형식으로든 육체를 느낄 때 이런 연결성이 증명된다. 치통이나 오르가슴을 느낄 때가 그 예이다. 앞의 것은 소망할 것이 못 되며, 뒤의 것은 지속력이 없다. 육체를 현재에 안착하는 닻으로 지속적으로 활용하고자 한다면 우리는 다른 통로를 필요로 한다. 이때 도움이 되는 것은 여러 가지 현재로의 통로에 중요한 의미를 부여하는 의식적인 관심 돌리기이다. 육체와 감각의 모든 닻은 우리에게 둥지를 틀며, 원하지 않는 생각의 회전목마에서 벗어나 있다. 이런 주장을 확인하기 위해 우선 아래의 체크 리스트를 점검해보자.

생각의 회전목마에 올라탄 채 아래의 것을 하기는 불가능하다.

- 감각적인 즐거움과 현재가 서로 활기차게 연결된 상태 유지하기
- 자신의 육체를 강렬하게 느끼기
- 매순간 완전히 몰두하기
- 자기 자신과 함께 깊은 평화 속에 머물기
- 배꼽이 빠지도록 웃기
- 완전히 의식을 집중하여 깨어 있는 상태로 현재에 머물기

육체가 현재의 닻으로서 우리에게 어떤 멋진 일을 수행하는지, 그로 인해 우리가 생각의 회전목마에 올라타지 않도록 어떤 도움을 주는지 관찰해보자.

1. 감각이 우리에게 바로 이 순간 제공하는 것을 의식을 모아 느껴보자.
   - 나는 지금 무엇을 듣고 있는가?
   - 나는 지금 보고 냄새 맡으며 맛을 보고 느끼는가?
   - 내 감각은 무엇을 말하는가?

한 가지 감각에 집중하여 연습하되 선택적이 아니라 광범위하게 경험하면 도움이 될 것이다. 현재를 더욱 충만하게 느끼기 위

해 항상 몇 분 정도 반복하여 감각을 느끼도록 노력하라.

2. 감각을 현재에 머물게 하는 활동에는 마사지, 목욕, 사랑의 유희, 초원을 맨발로 걷기, 스트레칭, 조깅, 맛있는 음식 먹기 등과 같이 당신을 특별히 자극하여 한동안 육체를 즐겁게 하는 감각적 쾌감들이 속해 있다. 감각적 쾌감을 계획에 넣고 염두에 두는 것은 현재로 가는 통로의 하나에 속한다. 어떤 사람들에게는 맨발로 걷는 것이 쾌감이라는 것을 절대 잊어서는 안 된다. 친구들과 함께 다양한 감각적 기쁨에 대해 의견을 나누는 것이 도움이 될지도 모른다.

3. 우리는 육체와 현재를 연결하기 위해 의식을 모아 호흡한다. 코를 통해 숨을 완전히 깊게 들이쉬고 천천히 내쉬는 것은 특히 효과 만점이다. 우리는 어쨌든 항상 호흡을 하기 때문에 이 육체의 닻은 현재에 쉽게 머물 수 있고 다른 행위와 병행 가능하다. 의식적인 호흡이 습관이 될 때까지 특정한 상황이 있을 때마다 의식적인 호흡을 하는 습관을 들인다. 예를 들어 당신 아들이 방에 들어올 때마다, 전화가 울릴 때마다, 붉은 신호등 앞에 서 있을 때마다, 아니면 당신 파트너가 평화로울 때마다. 아니면 정상적인 괴로움이 스스로 만든 괴로움으로 변화되려는 순간을 알아차릴 때마다. 어떤

상황에서 깊은 호흡을 할 것인지 스스로 정해보라.

4. 의식적인 관심을 더욱 강하게 요구하는 섬세한 통로는 육체
   가 살아 있음을 느끼게 해준다. 내면의 육체가 느끼는 것을
   정확하게 감지하라! 나는 내 내면의 오른손, 왼손, 팔, 목,
   머리, 상체, 내장을 느낀다. 모든 것을 정확하게 직시하여
   받아들이고 육체의 느낌에 머물러라. 그것은 떨림, 따뜻함,
   섬세한 에너지의 느낌일 수 있다. 의식과 함께 육체가 살도
   록 하는 것, 즉 살아 있다는 느낌을 의식하는 것이 목적이
   다. 어떤 느낌에 순수하게 머문다는 것은 현재와 가장 잘 연
   결되어 있는 것이므로 그렇게 머무는 것에 대해 평가해서는
   안 되고 분류를 해서도 안 된다. 흥미로운 것은 육체의 느낌
   에 머무름으로써 육체의 모든 세포가 기뻐하는 것과 같은
   기쁨의 육체화 현상이 발생한다. (이런 현상에 대해 나는, 진화
   론적으로 훨씬 발전된 구조가 덜 발전된 쪽으로 향할 때 원칙적으로
   행복의 느낌이 일어나는 것으로 추측하고 있다. 예를 들어, 훨씬 발
   전된 구조인 의식은 덜 복잡한 구조인 몸 쪽으로 향한다.)

5. 그리고 또 다른 관점에서 육체는 위대한 현재의 닻의 역할
   을 할 수 있다. 우리가 스스로 만든 감정의 희생자가 되어
   원칙적으로 너무 늦었다 할지라도 육체는 항상 빠져나갈 길

을 열어준다. 우리는 감정이 어떻게 느끼는지에 대단히 의식적으로 관심을 돌린다. 감정에 대해 깊이 생각하지 말고 영양을 공급하지도 말며 육체적으로 감정의 영향권 밖에 머무르자. 이런 전략으로 우리는 두 가지 성공을 거둘 수 있다. 첫째, 힘을 의식적으로 관찰하여 감정에서 벗어나게 되고 둘째, 육체를 현재의 닻으로 이용한다.

카린 브룬힐트, 프란츠 요셉이 다시 너를 화나게 해서 네가 다시 육체를 현재의 닻으로 활용하는 과정을 연습한다고 생각해봐.

브룬힐트 미쳤어! 어떻게 그런 상상을?

카린 프란츠 요셉이 얼빠진 말을 해서 네가 다시 감정에 빠졌다고 상상하면 되잖아.

브룬힐트 그래, 유감스럽게도 별로 어려운 일이 아니야. 그가 미친 소리를 해서 내가 감정에 빠지는 건 말이야.

카린 너는 지금 절망적인 순간을 연습하는 거야. 육체 안의 감정을 느끼고 호흡을 깊고 느리게 하며 바로 그 순간의 감각을 받아들이는 데 초점을 맞추면서 네 몸이 살아 있음을 느껴봐.

브룬힐트 그리고 확실히 감각적 쾌감을 느낄 수 있도록 호르스트에게 전화를 걸어 한 시간 동안 마사지를 해달라고 할 거야.

카린 네가 그 사건을 트레이닝의 기회로 삼는 것을 프란츠 요셉은 별로 좋아하지 않겠지.

브룬힐트   이 총체적인 전략이 날 상당히 긴장시켜. 내 감정에 다시
   압도되기를 바랄 정도로.
카린 그래, 내가 함께 할게.

이렇게 하자

육체적인 느낌에 완전히 주의를 집중하고, 이런 관점에서 자신
과 교류하자. 영혼의 급상승이 아니라 오직 육체에만 헌신하라.
프릿츠 펄스는 늘 일어나는 것들에 우리의 생각을 집중할 것을
강조한다.

"우리 대부분은 변화의 이념에 매달려서 스스로 만든 프로그
램에 관심을 둔다. 그들은 변화하고자 한다. '나는 이래야만 돼'
등등. 그러나 실제로 일어나는 일 중에 미리 계획한 변화의 이념
이 실현된 경우는 결코 없다. 누군가가 '나는 나를 변화시키고
싶어. 프로그램을 세워서'라고 말하는 순간 그에게는 변화를 막
는 저항의 힘이 만들어진다. 변화는 스스로에게서부터 이루어진
다. 우리가 좀더 깊이 현재의 자기 자신 속으로 들어가 그곳에 무
엇이 존재하는지를 받아들이면 변화는 저절로 일어난다. 이것이
변화의 패러독스이다."

그럼 우리는 어떻게 하면 될까?

당신의 대답

____

____

____

참새의 대답

아주 쉽다. 나는 내가 원하는 것, 내 존재, 내게서 늘 일어나는 모든 것을 원하며, 이것저것 가리지 않고, 내게 머물기를, 나를 위함이 없이 삶의 폭풍 속에서 꽉 찬 의지를 갖기를 원해. 그것이 이해될 수 있는 것이라면. 이해가 되지 않으면 네가 갖고 있는 참새에 불을 붙이고 외면의 혐오스러운 것들에 집착하지 말고 즉시 의지를 내면으로 돌려. 광활한 내면의 의지는 모든 외면적 소망이 유발하는 긴장감을 제거해. 그렇게 함으로써 비움에 이르게 되거든. 비우면 아주 편해! 그리고 그렇게 아름다울 수 없고!

우리가 몰두하는 것에서만
감각적 쾌락을 느낀다면……

우리의 생각은
천국에서 자유로이 환호한다.

와우! 참새들이 즐겁게 날고 있다!
참새들뿐이 아니다!
우리가 참새를 가지고 있든 다른 새를
가지고 있든 똑같기 때문이다.
중요한 것은 날아다니는 것이며,
아무런 억압도 존재하지 않는 무無,
자유로운 무 속에서 즐겁게 노니는 것이다.

탈출동기 : 명상적 감각

나는 쾌락 속에서 지각에 이른다.

현재에 온몸을 던져라

우리가 지금 하고 있는 행위나 우리 내부를 흘러가는 것에 주의를 집중하면 괴로움을 주는 생각을 중지할 수 있다. "나는 지금 청소기로 먼지를 털어내고 있어", "나는 지금 얼굴 위의 빗방울을 느끼고 있어", "지금 심장이 뛰고 있어", "지금 무기력이 최고조에 달하고 있어. 어깨는 축 처지고, 가슴은 묵직하고." 다음과 같은 3단계 방법이 있다.

- 인지하기
- 머물기
- 머물되 변화를 인지하기

뇌가 맴을 돌면서 괴로움을 만들어낼 때 이런 방법으로 틈을 만들 수 있다.

당신은 이렇게 생각의 회전목마에서 기분 좋게 내려올 수 있다. 지금 당신이 어떤 일에 쏟고 있는 관심과 지금 이 순간 느끼는 감각을 서로 연결하라.

현재를 충만하게 사는 사람은 파우스트적인 의심을 내려놓고 느긋하게 순간순간에 머물 수 있다.

브룬힐트는 카린이 읽어준 다음번 탈출전략을 들었다.

브룬힐트 내게 중요한 것은 내가 내 자신의 주인이 되어 더 이상 그 런 불필요한 생각들의 희생자가 되지 않는 거야.

카린 그럼, 물론이지. 그렇지만 나는 청소기를 돌리면서 방금 전 읽 은 소설을 생각하는 것은 괜찮다고 생각해.

브룬힐트 네가 괜찮다고 생각하면 됐지. 그건 자발적인 것이고 괴로 움도 주지 않으니까.

카린 아, 그렇지. 잊었어.

브룬힐트 이 전략에 맞추어 다음번에 풀비오 생각이 떠오르면 어떻 게 깨뜨릴 거야?

카린 내가 지금 하고 있는 일에 온 관심을 쏟을 거야. 만약 성공하 지 못하면 생각이 맴돌면서 생긴 감정을 관찰하고 몸속에 가라앉 힐 거야. 풀비오와 관계된 이야기에서 벗어나 육체적 느낌으로 전환시키는 거지.

브룬힐트 바로 그것을 통해 너는 현실 세계에 머무는 거야. 단순한 상상이 아니라.

카린 너는 '단순한 상상'이라고 했는데, '단순한'이란 격하시키는 표 현이야. 상상의 세계는 때로 현실 세계보다 나을 수도 있어.

브룬힐트 어느 한 방향 또는 다른 방향으로의 평가는 자발성과 관련 을 맺고 있어. 우거진 숲에서 캠핑차로 캠핑을 하는 상상과 같이 미래에 대한 멋진 비전을 보여주는 것이라면 그것은 멋지지. 그러나 네가 원하지도 않았는데 풀비오가 길가 묘지에 피를 흘리며 쓰러져 있는 것을 보게 된다면 그건 현실 세계보다 나은 상상이라고 보기 힘들어.

카린 동감이야. 자발성을 다시 간과했어. 내가 자발적으로 상상하고 생각하며, 꿈꾸고 비전을 가지며, 날개를 퍼덕이는 것은 미래로 가는 내 길을 평탄하게 닦아주고 나를 현재와 연결시켜주지. 분명히. 그렇다면 자발적이지 못한, 풀비오에 대한 상상은 어떤 기능을 할까? 어디서 그런 생각이 나는 걸까? 그것의 의미는 무엇이고?

브룬힐트 나는 그것이 해결되지 않은 고통에서 나온다고 생각해. 한 번 고민했던 문제가 나중에 천 개쯤의 걱정으로 변질되는 거지.

카린 그래, 맞아. 그런데 그것의 의미는, 기능은?

브룬힐트 오직 두 가지 가능성이 있을 뿐이야. 운명이 너에게 공포 여행을 서비스하든지 아니면 너에게 신호를 보내 너를 행동하게 만들든지.

카린 '무엇인가를 한다'는 건 희생자의 태도에서 벗어나 억압 없이, 여기 책에 적힌 대로 주인의 태도를 갖게 되는 것이겠지.

브룬힐트 나도 그렇게 생각해.

이렇게 하자

상상으로 말미암아 현재로 가는 길이 얼마나 차단되는지 확인하자. 직접적인 경험 앞에는 하나의 상상이 있기 마련이다. 그것은 구속 없는 광활한 의식에 관해 마틴 하이데거와 이야기를 나누려는 당신을 차단한다.

"구속이 없는 가운데 가해진 제한은 인간의 상상 속에서 만들어졌다……. 상상을 하고 만들어낸 자[인간이 이제는], 차단된 열린 공간 앞에 서 있다."

항상 개방되어 있는 현재와 현재의 꽉 찬 내용물을 우리는 어떤 상상으로 차단할까?

당신의 대답

참새의 대답

여기에 관해서는 벌써 이야기했다. 요약하자면, 내면에 참새가 있다는 것이다. 참새는 우리를 활기차게 하고 날 수 있게 하여 비자발적이며 억압적인 생각이 생성되지 않도록 한다. 재미와 즐거움은 독선이나 논리보다, 또 다른 어떤 멋진 이유보다 훨씬 더 매력적이다. 참새는 순수한 생의 기쁨을 느끼게 해준다!

우리가 생각의 회전목마에서 벗어나
육체로 관심을 돌리면……

우리는 정신을 자유롭게 한다.

생각이 맴돌고 맴돌면 그 즉시
올가미가 필요하다! 살금살금 오고 있다,
참새가. 생각이 신선한 바람 속으로
날아가버릴 때까지
살그머니 들어온다.
다시 아이들의
감각으로
돌아간다.

탈출동기 : 생각의 느낌

나는 생각의 회전목마가

내 몸에 끼치는 영향을 정확하게 느낀다.

이 순간이
내게 무엇을 주지?

긴장의 이해

우리의 삶이 얼마나 긴장된 것인지를 관찰하려면 우선 긴장의 개념을 분류하는 것이 유용하다. 어떤 긴장감은 즐거움을 주고 쉽게 해소가 된다. 해소된 뒤에는 힘이 고갈되었다기보다 오히려 채워짐을 느낀다. 그에 반해 어떤 긴장감은 다시 긴장감을 불러일으키고 사람을 녹초가 되게 한다. 예를 들어 베르너는 특별히 일을 많이 하지 않았음에도 사무실에서 긴장된 하루를 마치고 녹초가 되었다. 하이디는 어려운 업무에 종일 매달렸음에도 즐겁게 마무리하고 저녁에는 춤을 추러 간다.

내면적으로 긴장을 서로 다르게 경험하는 것은 그에 수반되는 감정에 원인이 있을 수 있다. 베르너는 하이디에 반해 자신의 일에 내적 동기를 부여하지 않고 있다. 그는 단순히 일을 해서 돈을 벌어야 하고 자신에게서 다른 가능성을 발견하지 못했으며 직장에서 안정감을 느끼기 때문이다 등등.

날카롭게 관찰한다면 또 다른 이유가 드러난다. 우리를 지치게 하는 긴장감에는 우리가 과거로부터 가져와 미래로 투사하는 어떤 가치와 '저당물'이 항상 결합되어 있다. 다른 말로 표현하면, 생의 기쁨과 에너지에 나쁜 영향을 주는 모든 긴장은 우리 과거의 찌꺼기이며, 그 때문에 우리는 현재로 진입하지 못한다. 그렇게 닫힌 현재는 유감스럽게도 우리의 명쾌하고 평화로운 의식을 생각의 쓰레기 속에 가볍게 녹여버린다. 그러므로 쓰레기를 포함하는 긴장은 버려야 한다. 체계적으로 접근해보자!

자세히 알아보기 위해 현재 삶을 다음의 관점에서 깊이 생각해보자.

- 불쾌한 긴장이 힘을 발휘하고 있는 곳이 어디인가?
- 과거의 요구나 꿈이 그 뒤에 숨어 있다면 어떤 것인가?
- 생동감을 주는 긴장은 얼마나 다른 느낌을 갖게 하는가?

다음 단계에서 만약 당신이 불쾌한 긴장에서 생동감을 주는 긴장으로 완전히 옮겨갈 수 있다면 성공한 것이다.

이런 과정을 도출해내기 위해 여기 몇 가지 질문이 있다.

- 나를 긴장시키는 좋지 않은 것은 무엇인가? 즉, 무엇이 나를 지치게 하고 화나게 하며 기분을 망치고 스트레스를 주는가?
- 내 뜻에 반해서 하는 일은?
- 그럼에도 불구하고 해야만 한다고 생각하는 이유는?
- 만약 내가 하지 않으면 생길 수 있는 일은?
- 이렇게 하여 어떤 일이 발생한다면 내가 겪는 삶의 불쾌함보다 훨씬 심각한 것일까?
- 해야만 한다고 생각하는 것을 대신할 대안은 없을까?
- 다른 대안이 없다고 믿을 경우, 다른 사람들도 그렇게 볼까?
- 원하지 않는 긴장에 집착하는 이면에 어떤 신념과 가치가 숨겨

져 있는가?

- 이런 신념은 과연 내 생의 기쁨과 에너지를 줄여도 좋을 정도로 진실된 것인가?

과정을 진행하기 위해 몇 가지 질문을 더.

- 어떻게 내가 하는 일에 완전히 열중할 수 있을까?
- 어떻게 내가 하는 일을 사랑할 수 있을까?
- 온몸을 다 바쳐 그 일을 하는 데 장애가 되는 것은? 어떻게 바꿀 수 있을까?
- 어떻게 하면 온몸을 다 바쳐 나 스스로에게 머물 수 있을까?
- 내가 재미를 느끼는 일만 한다면 어떤 삶을 살게 될까?

적당하게 긴장하는 사람은 모든 것이, 과거가 그에게 허락하는 것보다 훨씬 더 아름답다는 것을 안다. 아니, 이런 표현이 더 적합할 것이다. "진짜라고 하기에 너무나 아름답다!"

카린과 브룬힐트는 바닷가의 오솔길에 앉아 있다. 카린은 이제 막 '긴장의 이해'를 다 읽었다.

브룬힐트 우리가 철저하게 이 연습을 끝내면 나머지 휴가를 멋있게 잘 보내게 될 거야. 그러면 긴장감을 일으키는 불쾌한 것들을 모두 물리칠 수 있을 테고. 흥분된다!

카린 물리치되 난 쉬운 것부터 시작할거야.

브룬힐트 쉬운 것! 그것은 그 사안이 지닌 의미의 문제야.

카린 쉬운 것을 성공시키면 어려운 것도 성공시킬 수 있는 힘을 기
　　를 수 있을 거야.

브룬힐트 그러면 근본적으로 삶 전체가 바뀌게 되겠지.

카린 시간이 되었어! 네 에너지를 고갈시키는 긴장이 어디서 생겨
　　나는지 말해줄래?

브룬힐트 몇 가지를 말할게. 어쩔 수 없이 해야만 되는 웃기는 것들
　　때문에 맥이 빠져. 아주 무의미한 일들 말이야. 잔디는 이 정도로
　　짧아야 한다, 노점상들은 정리되어야만 한다, 수돗물은 그냥 마시
　　면 안 된다, 우편물은 일주일 안에 정리해야 한다, 계산서는 가능
　　하면 그날 지불해야 한다, 밤에는 자동차를 차고에 두어야 한다,
　　밤에 도둑이 드는 것을 막기 위해 셔터를 내려야 한다……. 이런,
　　카린, 이런 것만을 말하니까 기분이 나빠지고 핑 돌 것 같아.

카린 나도 그래. 그 뒤에 숨어 있는 가치나 신념은 무엇일까?

브룬힐트 최종적으로 노리는 효과는 좋은 인상을 주고 사랑받기 위
　　해서겠지.

카린 그렇다면 너는 그 무시무시한 내면의 의무를 실천하면서 목적
　　을 이루었어?

브룬힐트 어쩌면 부분적으로는, 그러나 부분적으로는 전연 아니겠

지. 내가 피로에 지치면 저녁에 즐길 수 없기 때문에 '사랑'과는 거리가 멀어지지. 공허한 신념과 가치에 지불하는 대가가 너무 커.

카린 우리는 개혁할 것이 몇 가지 있어. 말해 봐!

브룬힐트 리스트를 만들자. 무엇이 좋지 않은 긴장이고 무엇이 대안인지.

카린 때로는 대안을 찾다가 못 찾는 경우도 있어.

브룬힐트 맞아.

내 삶을 피곤하게 만드는 긴장은 무엇인가?

1. ____

2. ____

3. ____

4. ____

5. ____

어떤 대안을 실행할 수 있는가?

1. ____

2. ____

3. ____

4. ____

5. ____

이렇게 하자

자신의 삶을 스스로의 힘으로 만들어나가도록, 좋은 결과를 내도록 노력하자. 그로써 우리가 우리 운명을 얼마나 제어할 수 있을지는 미지수이나 가능성은 열려 있다. 시인 릴케는 정말 특별하다.

"사람들은 이미 많은 행동 개념들을 바꾸어야만 했고 우리가 운명이라고 부르는 것은 인간에게서 나온 것이지 외부로부터 들어온 것이 아니라는 사실 또한 점차 인정하는 법을 배우게 된다."

그럼에도 불구하고 우리는 묻는다. 내게서 더 나은 운명이 나오도록 어떤 생각을 바꿔야 할까?

당신의 대답

____

____

____

참새의 대답

개선하고 변화하며 다른 운명을 얻으려는 내 노력은 내 고유성을 유지하는 데 있다. 내가 완전한 참새라면, 내가 완전히 나 자신이라면, 나는 모든 면에서 만족한다. 그러면 나에게서 최고의 운명이 나온다. 그런데 내가 나 스스로라는 것은 어떤 모습의 나를 말함인가? 고유성은 무엇인가? 그것은 아주 쉽고 간단하다. 허식이 없고 확실하며 개방적이고 괴로움을 만들지 않으며 자유로운 머리를 갖고 고강도의 긴장을 희극적인 것으로 받아들인다. 나는 가볍고 즐거워 허튼 소리도 많이 한다. 그로 인해 '누구는 참새를 가지고 있대요'라고 신랄하게 비꼬는 소리도 듣는다. 모든 사람들이 나를 가지면 좋을 텐데. 그러나 참새가 들어갈 공간이 너무나 없으니.

강도 높은 긴장이 회전속도를 높이면……

열정이 시험대에 오른다.

의무, 압력, 능률, 더 많이, 더 빨리,
돌려라, 돌려라. 참새는 지하실에서
슬픔에 젖어 있다. 참새가 즐겁도록,
화내지 않도록 그저 항상
더 멋있고 충만해지면
더욱
환해질 텐데.

탈출동기 : 짐 덜기

"한 번 더 긴장해!"라는
말 대신 "쉽게 해!"로 바꾸자.

**긴장이 있는 곳에는
길이 없다.**

겉모습에서 벗어나라

사물의 내면은 의식이며 사물의 외면은 형식이라는 윌버의 문장이 진리라고 가정하고 내면을 관찰함으로써 이 명제를 증명하자. 나는 거울을 본다. 내 형식을 보고, 내 안을 들여다보는 지금 나는 내게 있어 의식이다. 이런 사정을 내 개나 꽃이나 돌에 전달하고자 한다면 사변적인 것이 될 것이다. 모든 현상의 최초 원칙은 물질적인 것이 아니라 진화론적인, 어떤 반작용의 힘, 정신의 원칙, 의식 혹은 모든 것을 뚫고 포함하며 유발하는 존재로서 물리의 경계영역 가까이에 있다.

도전은 단순하게 사물의 현상 형식을 인식하고 수용하는 데 그치지 않고 그것의 의미를 형식의 뒷면과 아래쪽에 투사하고 그 안까지 뚫고 들어가는 것이다. 그럼으로써 마치 우리가 근본적인 것, 존재를 정말 볼 수 있기라도 한 것처럼. 이것은 특히 눈길을 마주칠 때 가능해진다. 우리는 마치 에고를 통해 한 인간의 자아를 꿰뚫어볼 수 있는 것처럼 그 사람을 본다. 다른 사람의 소리를 들을 때는 목소리의 울림이나 소음 뒤의 정적까지도 훔쳐 들으려 한다. 그러나 그것보다는 우리의 생각과 감정 뒤에 숨어 있는 무엇을 느끼려 노력하는 것이 우리 자신에게 좀더 근접하게 해주고 만족감을 줄 것이다. 우리가 뒷면에 머물 때 비로소 완전한 종결이 이루어진다.

 표피를 뚫는 다음의 질문을 통해 성공을 이루자.

- X, y, z의 내면은 무엇인가?
- 나무 X, y, z가 말할 수 있다면 지금 무어라고 할까?
- 내가 나무 X, y, z라면 나는 내면에서 무엇을 느낄까?
- 근본적인 것이 무엇인가?
- 내 · 외적인 생활환경, 혹은 그 뒤에서 나는 어떤 본질적인 것을 느끼는가(생각이 아님!)?
- 전체란 무엇이어야 하는가?
- 내 삶의 외적 폭풍 속에서 놓쳐서는 안 될 의미를 알아냈는가? 그렇다면 그것이 주는 느낌은? 그 의미에 머무는 것에 대해서는 어떤 느낌이 드는가?
- 내 모든 경험을 떠나서 나는 누구인가?
- 내가 감각에 집중하여 케이크를 먹을 때와 삶의 내면에 감각을 집중할 때 현재의 경험은 무엇이 달라지는가?

브룬힐트 카린, 너 아직도 현실에 머물고 있니 아니면 이미 좀 벗어 났니?

카린 어쩌면 바로 이때 그런 질문을! 정확하게 궤도를 따라가고 있지는 않았어. 그 질문으로 이미 무엇인가를 다시 시작할 수 있어. 내가 그것을 시작하면 뭐라고 정확하게 말하기는 어렵지만 그 속으로 더 깊이 들어가는 느낌이 들어.

브룬힐트 나도 역시 그래. 그러나 어디에서 그런 일이 일어나는지 에고를 통해서 자아를 보는 것은 불편해. 나는 그 대목에서 내 이웃집 여자와 그녀의 남편을 생각하지 않으면 안 돼. 오토라고 하는 그 남자는 요란한 사람은 아니지만 어찌 보면 요란하기도 해. 여기저기로 소리 지르고 망설이며 한숨쉬고, 부인을 힘들게 해.

카린 생각나는 게 뭐야?

브룬힐트 그의 부인이 항상 이렇게 이야기한다는 거야. ‘그러나 그는 마음이 따뜻해요!’ 끝없는 트집을 ‘따뜻한 마음’에서 나오는 것으로 생각하며 견디더라고.

카린 저런, 그런데 너 지금 감정으로 향하는 특급열차를 탄 것은 아니지?

브룬힐트 물론. 객관성과 명쾌한 통찰력으로 괴로움과는 완전히 안녕을 고했지!

카린 그렇구나. 네 이웃집 여자가 오토의 따뜻한 마음을 칭찬하는 것이 여기서 제안한, 모든 에고 괴로움 뒤쪽의 자아통찰과는 물론 관계가 없겠지.

브룬힐트 그 말은 괴로움 속에서는 어떤 객관적 평가도 불가능함을 의미해.

카린 말이라고. 잘 자! 우리는 해야 할 일이 있어!

내면이 내면과 결합하면 세계는 넓어지고, 시간은 정지한다……

이렇게 하자

일반적인 인지 활동 외에 인식의 공간을 하나 더 두자. 그것을 경험할 수 있도록 쇼펜하우어는 이렇게 썼다.

"그의 기분을 움직이기도 하고 고문도 하였지만 이제는 놀이가 끝난 체스판의 말이거나, 아니면 축제의 밤에는 사람들을 들뜨게 했으나 아침이 되어 벗어던져진 가면처럼 그의 눈앞에 펼쳐진 세상의 요술그림을 그는 담담하고 조용히 쳐다보며 미소를 보낸다. 삶과 그의 모습들이 허무한 현상처럼, 마치 가벼운 아침 꿈에서 반쯤 깬 사람의 눈앞에 투명하게 비치는 현실처럼 그의 눈앞에서 어른거린다."

당신도 경험했는가?

당신의 대답

참새의 대답

쇼펜하우어는 가슴으로 말한다. 부분적으로는 나 역시 그렇

다. 나는 요술그림을 가지고 있는 것처럼 느끼는 것이 아니라 그
것에 빠져 그 위에서 삶을 즐긴다. 내가 삶이다라고 말할 수 있
을 정도로.

우리가 현상, 표면, 외양에서 자유로우면……

우리는 회전목마에서 벗어난다.

탈출동기 : 많은 것 중의 하나

나는 생의 내면,

깊은 곳을 시도한다.

의식이 의식 있는 존재이고
존재가 그저 있는 것이라면?

현재를 따라잡을 수 있는 속도로 살아가기

우리가 깨어 있으면, 있을수록 의식을 하고 있으면 있을수록 우리는 생각의 회전목마를 더 쉽게 정지시킬 수 있다. 우리는 깨어 있는 의식의 상태를 고조시키기 위해 여러 가지 방법을 쓴다. 그 방법의 하나로 인지하고 수용하는 차원을 하나 더 만드는 것이 가능하다. 그 차원은 우리가 그저 단순히 우리의 조건, 강요된 반복, 특이한 성향 등에 맞추어 구습을 답습하기보다 우리 삶을 의식 있게 형성해나가도록 돕는다.

타성에 젖지 않도록 질문을 던지는 것도 도움이 된다. 질문은 의식을 깨워 약점을 보완해준다. 질문은 어떤 것을 새로운 방식으로, 또는 깊이 생각하도록 영향을 끼치고 그로 인해 태도에 변화를 줄 여유가 생긴다. 이것은 '생각의 회전목마'라는 '정상적인' 망상 상태에 있을 때는 거의 놓치는 것이다. 다음 질문을 통해 의식을 깨우는 효과를 점검할 수 있다.

- 무엇을 해야 지금의 나에게 도움이 될까?
- 지금 하는 일은 내가 정말 하고자 하는 것인가?
- 계획하고 있는 일을 잘 추진하기 위해서 어떤 방법으로 접근할 것인가?
- 이런 행위의 목표는 정확하게 무엇인가?
- 내가 만약 아주 자유롭다면 어떻게 살 것인가?

'깨어 있음' 덕분에 우리는 무의식적인 출발이 방향을 바꾸든 깨끗하게 마무리되든 매번 우리 삶에 동참하여 강제적으로 '생각의 회전목마'가 작동되는 것을 방지한다.

우리는 일정한 속도로 먹고 움직이며 말하고 일하기 때문에 의식이 지속적으로 머물 수 있도록 닻을 내릴 절호의 기회를 잡을 수 있다. 성급하면 성급할수록 현재를 놓칠 확률이 높아진다. 그렇다고 삶의 속도를 늦추어서 '달팽이'가 되자는 말은 아니다. 상황에 따라 우리가 감지할 수 있는 속도를 찾아내 그 속도로 살고 우리를 몰아대는 내적 동인과 쓰레기 더미를 없애는 것이 중요하다. 가장 효과적인 속도는 우리의 감각이 가장 활성화되는 속도이다. 이 전략은 '사랑의 유희'를 비롯한 여러 행위들을 심화시키고 그 강도를 높이는 데 효과가 있다.

삶의 속도를 느낀 날들을 기억하는 것은 순수한 쾌감을 준다. 감각적 경험은 속도를 늦출 때 더 효과가 좋다. 많이 느끼면 느낄수록 우리는 더욱더 현재에 닻을 내리게 된다. 빠르게 사는 것과 마찬가지로 느리게 사는 것도 육체가 느끼는 감도를 높여준다. 이렇게 우리는 현재를 의식하기 위해 그리고 우리 자신을 더욱 의식하기 위해 육체를 '탈것'으로 이용한다.

스스로에게 다음과 같이 물어보라.

- 어떤 속도에서 나는 가장 잘 느끼는가, 즉 감각이 생기고 맛을

느끼며 즐기고 경험하는가?

• 지금은 어떤 속도가 가장 만족을 주는가?

감도가 최고조를 이루는 속도에서 우리는 더욱 진한 삶을 산다.

브룬힐트와 카린은 해변을 거닐면서 이 주제에 대해 이야기를
나눈다.

브룬힐트 지금 복습하고 싶어. 육체의 움직임을 느리게 하면 현재를
놓치지 않는다는 것은 알겠어. 하지만 그렇게 해서 더 의식이 깨
어나는 것은 왜일까?

카린 우리는 오직 현재에서만 실제로 나타나는 존재이고, 느낌을
극대화하는 최적의 속도를 발견하기 위해 우리는 우리 자신에게
느끼게 해주어야 하기 때문이야.

브룬힐트 오케이. 한번 해보자. 정말 현재를 가져다주는지. 어느 정
도가 가장 적당한 보행 속도인지 알아내자. 너 먼저, 그 다음에 나.
(그들은 한동안 서 있다. 카린은 내면으로 느낀 후 예전보다 좀 느
리고 편안하게 걷는다.)

카린 내가 생각하기에 이것이 내 최적 속도인 것 같아. 눈을 감고
걸으면 더 잘 느낄 수 있어.

브룬힐트 좋아. 눈을 감아. 네가 샘에 빠지지 않게 봐줄게.

카린 마음에 드는데!

이렇게 하자

이성, 영혼 그리고 육체가 소화하기 힘들 정도로 지나친 자극을 삼가하여 시간이 주는 공포감을 제거하자. 적절한 속도를 냄으로써 우리는 시간과 조화를 이룬다. 그 효과를 언급한 중국 속담이 있다.

"방해받지 않고 한가하게 하루를 보낸다는 것은 하루 동안 불멸의 존재가 된다는 말이다."

불멸의 존재가 되는 전략이 얼마나 쉬운지를 보여주는 기분 좋은 말이 아닌가, 아니면?

당신의 대답

참새의 대답

내게 그것은 전략이 아니다. 나는 시간과 나를 동시에 살기 때문이다. 시간은 내게서 달아나지 않으며, 너무 길지도 짧지도 않다. 나는 시간을 관찰하지 않는다. 모든 것은 한가롭고 자유의지에 따른 것이며 환호와 명상적 무의미가 동시에 함께 한다. 나는 충만한 생의 느낌 속에서 떠오르거나 잠수한다. 무상함과 불멸성으로 포장된 나의 '나'는 사라진다. 그리고 바로 그 점 때문에 '나'는 불멸의 존재임을 느낀다.

스스로를 혹사시키거나 쓸 데 없는 데
힘을 소모하는 사람은 계속……

쓰레기 가까이 가지 마! 넌 할 수 있어!
뛰어, 뛰어! 부지런 떨지
않아도 쉽게 상을
탈 수 있다는
것을 참새는
알고 있다.
아, 그래
!

탈출동기 : 몰두하기

몰두와 굴복 사이에
내게 맞는 속도가 있다.

내 시간과 내 삶이 모두
나에게만 속한다면 어떨까?

현재의 힘을 느끼려면

현재를 위해 과거를 필요로 할 때는 단순히 과거를 움직이기만 하면 된다고 가정하자. 그렇게 하면 그때만 과거가 머릿속에 떠오른다. 나머지 시간에는 편안하게 고민도 하지 않고 과거에 영혼을 얽어맸던 빈곤으로부터도 벗어나 원하지 않는 생각의 회전목마에 앉는 일 없이 현재에 머문다.

브룬힐트 그렇게 된다면야 멋지지! 그런데 우리가 해낼 수 있을까?
카린 이건 요약인 것 같아. 계속 읽어볼게.

다시 한 번 구체화하기 위해 요약을 해보자.

스스로를 생각의 회전목마로부터 보호할 수 있도록 현재의 힘을 느끼려면 우선 그 상태에 머무르는 방법을 모색해야 한다. 그 상태에 지속적으로 머물 수 있을 때까지 조정하는 것 역시 우리의 의식이다.

우선 '깨어 있음'을 두 가지 카테고리로 구분하여 삶에 수용하라.

첫 번째 카테고리
지금 하여튼 그런 것 : 지금이 어떤 상태이고 무엇이 우리에게 의미를 전달하며 무엇이 우리의 감각을 일깨우는지, 어떤 생각이 정신에 에너지를 공급하는지 확인한다. 그 모든 것을 판단하지 말고 그저 그렇게 있는 그대로 관찰하자. 만약 판단을 하게 되면 그 판단을 다시금 관찰한다.

현재가 과거의 어떤 괴로움을 폭포수처럼 쏟아낸다면 생각이 과거의 어느 시점을 뚫고 들어가는 것으로 건강하지 못한 것이다. 과거에 관심을 기울이기보다 과거가 우리 안에서 감정, 반응, 생각, 분위기, 분노 그리고 소망들에 어떤 영향을 주는지에 관심을 두어야 한다. 현재 자신이 처한 위치에 대해 비판을 하거나 분석을 하지 말고 대신 그저 일정한 거리를 두고 판단하지 않는 것이 가능하다면 바로 이런 현재 지향적 관찰을 통해 과거의 쓰레기를 해체할 수 있다.

두 번째 카테고리

현재와의 깊은 연결을 약속하는 것 : 우리는 우리를 현재로 이끄는 행동에 신념을 주고 깨어 있도록 한다. 구체적으로,

• 감각적 쾌락

• 정신적 쾌락 : 철학적 사색을 하고 수다를 떨자.

• 영혼의 쾌락

　_예술에 심취하자.

　_창조적이고 열정적인 일에 심취하자.

_사랑에 심취하자.

현재에 몰두할 수 있게 해주는 것은 근본적으로 오직 이 두 가지 움직임이다. 첫 번째 움직임은 단순히 동행하는 것이며, 두 번째는 더 활동적이며 더 넓은 내면의 공간을 필요로 한다.

현재의 힘을 느끼는 사람은 걱정을 하지 않는다.

바다는 조용하며 브룬힐트와 카린은 바다 속에 가만히 앉아 있으려 노력한다. 브룬힐트는 눈을 가늘게 뜨고 태양을 바라본다.

브룬힐트 카린, 정말 멋져! 마지막 전략을 생각하면 우리는 서로의 어깨를 두드려줘야 한다니까. 최고의 감각적 쾌락을 개발했잖아. 우리들만의 힘으로 지금 바로 여기에서.

카린 그래, 맞아!

브룬힐트 그리고 우리의 정신적 교류도 정말 유용하고. 기존의 어쩌고저쩌고 하는 것에 비해 정말 큰 즐거움을 줘.

카린 그러니까 시가 하나 생각난다. 발터 포그트의 시인데.

브룬힐트 외워봐.

카린 잘 들어봐!

　　인간의 세 가지 생의 나이

옹알옹알(아기들의 옹알이)

어쩌고저쩌고(어른들의 수다)

궁시렁궁시렁(노인들의 언어)

브룬힐트 멋져! 우리는 어쩌고저쩌고의 단계를 좀더 높인 거네.

카린 수다를 떠는 것은 정말 정신적인 쾌락을 줘. 영혼적인 쾌락을 주기도 하고, 웃음도 주니까 감각적 쾌락도 되지. 이런 관점에서 보면 우리는 세 가지 영역에 모두 통달한 셈이야.

브룬힐트 우리의 자질은 마지막 전략이 아니라 소박하게 나의 행복을 향하고 있기 때문에 칭찬받아야 해.

이렇게 하자

아무것도 아니라는 점을 깨닫자. 변화를 동반하든 변화를 제외하든 모든 것은 지금 그대로라는 것을. 미국 작가인 게르트루드 슈타인은 이렇게 말했다.

"일체감을 가능하게 하는 유일한 것이 변화가 아님에도 불구하고 자신이 기억하는 바로 그 사람이 진정한 자신이라고 믿지 않는 사람이 없으니……"

우리가 기억하는, 바로 그들이 우리가 아니라면 일체감은, 어쩌면 일체감을 갖지 않는 데 존재하는 것인지도 모른다. 그렇다면 우리는 무엇과 일체일까?

당신의 의견은?

참새는 무엇이라고 하는가?

나는 그 어느 것과도 일체가 아니며 그 결과 모든 것과 일체이다.

간접적인 것이 직접적인 것을 맴돌면……

우리에게 현재의
힘이 주어지지 않는다.

생각하는 것을 잊지 않으면 웃을 일보다
생각할 일이 더 많아진다. 그러면 어떻게 될까?
정말 생각해야 할 것들은
참새의 자유비행에서만
나오기 때문에 생각을
잊어야
한다.

탈출동기 : 회전목마에서 벗어나기

나는 직접적인
것들 속에 나타난다.

**명상적 쾌락은
신뢰를 형성한다.**

그곳에 머무르기

그리고 지금은? 브룬힐트와 카린은 책을 거의 끝까지 읽었고, 휴가도 끝나간다.

거기에 머물기를 원한다면 어떻게 할 것인가를 지금 결정해야 한다. 여러 가지 가능성이 있으며, 모든 결정은 다음번에 수정할 수도 있다.

거기에 계속 머물기를 원한다면

장점과 단점에 대해 말해보자. 장점은 그 동안 밝혀졌다. 괴롭기만 한 생각의 회전목마를 통해 타율적인 결정을 하는 대신 더 많은 생의 기쁨, 더 큰 즐거움, 충만한 경험, 자신과 타인과의 더 많은 교류, 더 많은 에너지, 더 많은 자유의지, 열정, 영감, 더 많은 자유와 독립성, 그리고 극단적인 성공 사례에서는 불멸의 의식과 자신이 세상 모든 것과 연결된 느낌까지 받게 된다. 이런 리스트는 엄청나게 확대될 수 있다. 우리가 갖고 있는 최고의 가능성, 우리 자신, 다음번 발전 단계로의 접근은 모든 생의 영역을 포함한다. 또 다른 장점은 성공을 순식간에 거두어들일 수 있다는 것이다.

내 경험에 따르면, 단점은 변화를 싫어하는 에고가 그 변화를 정지시키려 시도하는 중에 나오는 것이 대부분으로, "무슨 허튼소리야. 그건 너무 어렵잖아. 결국 그렇게 다 떼어내면 혼자만 외롭게 될 텐데"라는 식의 언어로 표현된다. 우리 삶에 중심점 이동이 발생하는 것처럼 친구 사이에도 중심점이 옮겨져, 몇몇은 함께 가고 다른 이들은 그 자리에 머물러 새로운 사람들이 그 자리를 채우게 된다.

덴마크의 작가 옌스 피터 야콥센은 소설『닐스 뤼네Niels Lyhe』에서 자신의 성장기에 대해 이렇게 썼다.

"……끝난 것은 이미 던져진 것이며, 그는 그렇게 성장을 했다. 늘 후퇴하는 목표를 향해 한 단계 전진한 것에 불과했으며 그 단계 뒤에 놓인 길은 자신의 그림자에 의해 메아리쳐 울리면서 잊혀졌다. 그는 이제 새로운 힘과 새로운 생각으로 성숙했고 확대된 관점을 가지게 되었으나 친구와 동지들이 차례차례 떨어져 나가면서 점점 외로워졌다."

그 모든 것에도 불구하고 새로운 의식으로 인한 독특하고 심오

한 교류는 그 전의 교류보다 훨씬 더 만족스럽고 더욱 충만한 것이다. 그러므로 표면적인 만남의 단절은 절대 심각한 손실이 아니다.

어떻게 거기에 머물 수 있을까?

당신이 이미 모든 목표를 달성했다고 가정하면 기본태도로서는 매우 고무적이다. 작은 조각이든 큰 조각이든 당신은 이미 모든 것을 가졌고, 여기서 화제가 되는 것도 이미 경험했기 때문이다. 즉 목표는 달성되었고 당신은 계속 연습한다. 다음 문장들의 차이를 느껴보라.

나는 주방장이나 현자賢者가 되는 연습을 한다.

또는

나는 연습을 하는 주방장이다.
나는 연습을 하는 현자이다.

결론적으로 거기에 머무르기 위한 몇 가지 제안

- 취향에 맞는 트레이닝 지침을 마련하여 일정 기간 동안 일상생활에서 실천하기.
- 하루/주/달/휴가 단위로 전략 세우기

- 각 전략의 강도를 서서히 높이기

- 22가지 전략을 혼자 또는 다른 사람들과 함께 실행

- 소규모의 트레이닝 모임을 만들어 규칙적이든 불규칙적이든 거기에 머무르기

- 여기 제시된 질문에 대한 답과 당신의 경험을 일기로 쓰기

- 세미나 참석

- 수립한 모든 지침은 물론 동시에 다른 백 개의 지침을 더 심화시킬 수 있다.

- 어떤 상황에서 생각의 회전목마가 작동되는지 리스트를 적어보라.

- 시어머니가 뭔가 보여주겠다며 부엌을 몽땅 뒤집어놓고 정리를 할 때는 항상

- 당신의 연인이 고양이를 내쫓고 문을 잠가버릴 때

- 1톤 쯤 되는 광고 팩스를 받았을 때

- 이 책을 다 읽었으니 이미 모든 목표를 달성했다고 혼잣말을 할 때(이제는 고요 속에서 계속 효과를 얻어야 할 때인데도……)

그리고 지속적으로 효과를 얻기 위해서 어떤 전략을 활용할지 결정하라.

언제, 어떤 결정을 하든지, 무엇을 항상 하든지 하지 않든지, 성공과 행복이 함께하길!

탈출동기

의식 혹은 생각

탈출동기	쪽	요약
1. 머릿속에서 어떤 일이 벌어지는지 귀 기울이기	35	의식을 집중해서 자신의 생각을 수용하면 초월적 차원에 이르고 어떤 생각과의 일체감이 줄어든다. 의식적으로 관찰하면 할수록 생각의 회전목마는 속도가 느려진다.
2. 평가와 분류에서 벗어나기	40	일방적이고 감정적인 평가는 생각의 회전목마에 힘을 실어준다. 그 뒤에는 모든 것을 타인의 탓으로 돌리는 투사작용이 숨어 있다.
3. 기쁨 키우기	46	우리는 생각의 회전목마 아니면 순수한 기쁨의 상태에 있다. 모든 외적 환경의 영향을 받지 않는 내면의 기쁨은 생각의 회전목마와 정반대에 선다.
4. 젖니 같은 에고 동일체 제거	51	에고와의 일체감에서 해방되면 에너지가 충만해지고 생의 기쁨도 커진다.

방법	효과	자기연구
1. '관심은 두되 개입은 하지 않고' 머릿속에서 벌어지는 일을 관찰한다. 2. 내면에 대한 관찰을 강화하여 항상 의식을 늦추지 않는다.	원하지 않는 생각의 혼란 속에 휴식처가 생긴다.	_유용하지도 않은 생각의 회전목마를 외부에서 관찰하는 것은 얼마나 쉬울까?
1. 감정이 개입된 판단을 의식한다. 2. 그런 판단을 중지, 객관화하거나 더욱 의식을 모은다.	가치판단에 입각한 말(름)을 줄이면 줄일수록 평화로운 현실로 옮겨가기 시작한다.	_일방적인 평가를 그 반대의 말로 대체하면 어떤 느낌이 드는가? _내 의견은 내게 어느 정도의 중요성을 가질까?
1. 이유 없는 기쁨을 느낀다. 2. 내 삶에 충만한 기쁨을 더 많이 받아들이도록 의식적으로 노력한다.	기쁨 속에 머물 때는 삶에 대한 저항이 없다.	_기쁨은 내게 어떤 준비를 시키는가? _스스로에게 느끼는 기쁨에 의식을 집중할 수 있을까?
1. 더 이상 어느 것에도 집착하지 않을 때 얻을 수 있는 것을 명확하고 확실하게 인식한다. 2. 물질적, 영혼적, 정신적으로 정갈하게 청소를 한다.	에고와의 일체감에서 해방되면 에너지가 충만해지고 생의 기쁨도 커진다.	_나는 무엇을 필요로 하는가? _내게 없어도 되는 것은 무엇인가?

탈출동기	쪽	요약
5. 현재로부터 도망치려는 자 신을 관찰하고 제어하기	60	안전을 추구하는 에고는 과거의 실패를 미래로 투사한다. 그로 인해 현재를 놓치게 되고 삶은 과거의 한 조각으로 줄어든다.
6. 다음에 떠오르는 생각 기 다리기	65	우리가 '의식'에 집중하면 할수록 원하지 않는 생각이 우리를 공격하는 횟수나 강도는 준다. 의식 혹은 생각.
7. 기대하며 준비하기	70	이러한 내면화 과정을 통해 우리는 상승된다. 정신은 기대하며 준비하는 가운데 그 자체에 머물기 때문에 회전목마가 맴을 돌 기회는 전연 없다.
8. 자동화된 생각의 맴에서 탈출하기	75	깨어 있음과 자동화는 서로 상반되는 것으로서, 구속을 풀어주는 깨어 있음의 힘을 이용하여 우리를 조이는 자동화를 타파하자.

방법	효과	자기연구
1. 현재로부터 도망치려는 나를 관찰한다. 2. 관심을 현재로 돌린다.	현재로부터 도망치는 특급열차에서 내려 좀 더 마음의 평정을 얻고 관찰자의 위치를 확고히 한다.	_나를 현재로부터 도망치게 하는 것은 무엇인가? _현재가 특히 매력적인 것은 언제인가?
스라소니가 매복하고 기다리듯 다음에 떠오를 생각을 기다리며 회전목마 밖에 있다.	생각의 소용돌이 안에 깨어 있는 틈이 생성되어 기쁨의 환호성이 터져나온다.	_깨어 있는, 의식의 상태에서 아무 생각도 하지 않는 것에 대해서는 어떻게 생각하는가?
현재와 깨어 있음에 집중한다.	영혼과 정신이 넓어지며 내면에 머무르는 것들이 비상한다.	_오직 정신적으로만 온전히 현재에 머문다면 나는 누구인가?
자신과 타인에게 좀더 가까이 다가가게 되고 열심히 삶에 참여하게 된다.	에고와의 일체감에서 해방되면 에너지가 충만해지고 생의 기쁨도 커진다.	_내게서 관찰되는 자동화로는 무엇이 있는가? _그것이 없다면 나는 어떻게 살까?

탈출동기	쪽	요약
9. 불유쾌한 상황에서 탈출하기	82	우리가 변화시키거나 떠날 수 없는 불유쾌한 상황에 직면했을 때는 상황을 완전히 수용한다. 불평은 생각의 회전목마를 더욱 빨리 돌게 할 뿐이다.
10. 사랑하는 사람을 잃었을 때	89	사랑하는 사람을 잃었을 때, 아직 사랑이 남아 있음에도 불구하고 내적으로는 그로부터의 해체가 요구되며, 갈등이 일어나거나 건설적으로 방향전환이 이루어진다. 그렇지 못할 경우에는 에너지가 소진되거나 생각의 회전목마가 작동된다.
11. 불안감 털어내기	95	우리를 방어해주던 유용한 불안이 우리를 옥죄는 불안으로 전이되는 현상은, 모기만 하던 생각의 회전목마가 코끼리만 한 크기로 커질 때 발생한다.

방법	효과	자기연구
1. 특정 상황이 어떤 카테고리에 속하는지 인식한다. 2. 어떤 행위를 하거나 완전히 수용한다. 3. 생각하고 앞쪽으로, 즉 목표지향적으로 행동한다.	긴장 해소, 신뢰감 증진, 자신이 지닌 자원을 어떻게 활용할지 연구	_내 안에서 불유쾌한 상황을 유발하는 것은 무엇인가? _그 상황에 압도되기를 바라는가, 아니면 마음대로 그 상황을 요리할 수 있기를 바라는가? _무엇을 할 수 있는가?
1. 슬퍼하되 얽매이지는 않는다. 2. '이별'의 좋은 면과 나쁜 면에 대해 이야기한다. 3. 작별을 한다.	스스로에게 회귀, 스스로를 새로운 삶에 개방시킨다.	_사랑하는 사람을 떼어내려면 무엇이 필요한가? _어떻게 해야 스스로 사랑하는 사람을 떼어낼 수 있을까?
1. 불안을 내면에 수용한다. 2. 불안과 함께 하되 불안감을 조성하는 상황과는 교류하지 않는다. 3. 불안의 느낌을 정확하게 묘사한다.	불안은 불안을 포함하는 광활한 의식 안에서 해체된다.	_내 불안은 단순히 방어 차원의 깃인가 아니면 나를 옥죄는 것인가? _나를 불안하게 하는 것을 내가 사랑한다면 어떻게 될까?

스스로 만든 괴로움 없애기

탈출동기	쪽	요약
12. 감정적 · 정신적 발작에 서 빠져나오기	103	감정적 · 정신적 발작은 우리를 현실에서 멀어지게 하고 평온을 깨뜨리며 생의 기쁨을 파괴한다. 우리는 정상적인 괴로움을 무작정 과장하거나, 과거의 상처로 인하여 전연 현실성이 없는 생각의 회전목마에 휩쓸리게 된다.
13. 불행에서 벗어나는 방법	110	의식적으로는 불행에 집착하지 않지만 무의식적으로는 '경험의 영역'을 떠나지 못하고 그곳에 구속된다. 그 때문에 행복해질 기회를 빼앗기고 잘못된 해석에 얽매인다. 행복은 진짜라고 믿기에는 너무나 의심스럽게 느껴진다.
14. 스스로 만든 괴로움에 맞서기	115	의식적인 결정이 지닌 힘은 과소평가할 수 없다. 그러나 그에 앞서 스스로 만든 괴로움을 확실히 인식해야 한다.

방법	효과	자기연구
평온을 유지할 수 있도록, 그리고 <u>스스로</u> 처리할 수 있도록 모든 것을 긍정한다.	현실과의 싸움을 중지하면 긴장이 아주 많이 해소된다.	_무엇이 나를 화나게 하나? _내 시각이 정당하고 진실하다고 장담할 수 있는가? _이런 시각은 나와 어떤 관계를 유지하는가? _그런 시각이 없다면 어떨까?
1. 불행이 주는 비밀스럽고 특이한 쾌감을 진솔하게 인정한다. 2. 의식적으로 과장함으로써 불행에 대한 집착이 얼마나 불합리한지 폭로한다.	제한적인 경험의 영역을 폭파시켜 드라마틱하지 않은 삶을 가능하게 한다.	_어떤 행운이 불확실하게 느껴지는가? _'확고하게' 붙잡을 수 있는 행운을 나는 제대로 평가하고 있는가? _나는 어떤 더 큰 행운을 경험하는가?
1. <u>스스로</u> 만든 괴로움으로의 편향에서 벗어나 의식적으로 현재로 복귀한다. 2. 원한을 품지 않고 모든 괴로움의 원인에 대해 이야기한다. 3. 어떤 때 괴로움에서 벗어날 수 있는지를 기록한다.	어떤 결과를 얻기로 결심을 했다면 이미 절반은 자유로워진 것이다.	_스스로 만든 괴로움이 주는, 이 감성을 계속 느끼고 싶은가?

탈출동기	쪽	요약
15. 현재로부터의 도망을 관찰하고 제어하기	120	걱정은 뇌를 불필요하게 빨리 돌게 한다. 걱정은 좀더 현실적인가, 그렇지 못한가의 차이를 불문하고 '만약 무엇이 어떻다면?' 이라는 기본 구조를 갖추고 있다. 걱정은 지금으로서는 어쩔 수 없는 미래를 공격하므로 신중한 계획과는 구분된다.
16. 기다림에서 벗어나기	125	기다림은 '현재'와 '우리 스스로'를 연결함으로써 극복되는 정신 상태이다.

방법	효과	자기연구
1. 자문해보라. 걱정 대신 신중하게 계획을 세워 문제를 해결할 수는 없을까? 2. 나중이 아니라 지금 어떤 문제를 가지고 있는가?	현재에 몰두함으로써 걱정으로부터 자유로워진다.	_생각의 회전목마가 어떻게 느껴지는가? _그것이 어떤 건설적인 효과를 발휘한 적이 있던가? _구체적인 행위를 취함으로써 걱정을 해결할 수 있는가?
1. 나는 어떤 것을 무의식적으로 또는 의식적으로 기다리는가? 2. 머무르기와 현재 즐기기를 연습한다.	최선의 방법: 현재로 이사하기	_나는 언제 순간을 즐기는가? _나는 어떤 상황에서 긍정하는가? 그리고 그때 긍정하는 것은 무엇인가? _그것이 생에 보탬이 되게 하는 방법은 없을까?

탈출동기	쪽	요약
17. 현재의 닻으로서의 육체	133	감각적으로 자신의 육체에 탐닉하고 약동하는 육체의 생명력을 느끼는 사람은 생각의 회전목마에 걸리지 않는다. 그러므로 육체는 우수한 현재의 닻이다.
18. 현재에 온몸을 던져라	141	현재에 주의를 집중하는 한 걱정스러운 생각의 회전목마는 작동하지 않는다.
19. 긴장의 이해	146	긴장은, 힘을 소모시키는 긴장과 자신의 잠재력을 발휘시켜주는 훌륭한 도전으로서의 긴장으로 구분된다.

방법	효과	자기연구
1. 감각을 즐겁게 해주며 현재의 감각적 느낌에 집중한다. 2. 항상 의식하며 호흡한다. 3. 육체가 살아 있다는 느낌, 육체적으로 감지할 수 있는 느낌에 머문다.	정신은 생각의 회전목마에서 탈출하여 현재를 인식한다.	_지금 내 육체는 무엇을 느끼는가? _덜 편한 상태에서도 머물 준비는 되어 있는가? _현재의 정신상태로 육체적인 면에서는 무엇을 느끼는가?
1. 순간에 집중한다. 2. 감각적으로도 이 순간을 느낀다.	어차피 일어날 일, 시간의 확장을 경험적으로 극대화한다.	_그런 순간 어떻게 나를 통제할 수 있는가? _내가 해야만 한다고 믿는 것이 정말 중요한 것인가?
1. 언제, 어디서 기쁨을 잃고 괴로운 긴장을 느끼는지, 어떤 긴장이 내게 생동감을 주는지 인식한다. 2. 좋지 않은 긴장 뒤에 무엇이 숨어 있는지를 찾아낸다. 3. 나를 약하게 하는 긴장을, 생동감을 주는 긴장으로 바꿀 수 있는 기준이 무엇인지, 그것과 타협한다.	더 많은 가벼움과 더 많은 생의 기쁨에 우선적으로 생동감을 부여하자.	_나를 불편하게 하는 것은 무엇인가? 생기를 불러일으키는 것은? _어떻게 하면 온몸으로 행위를 할 수 있을까?

탈출동기	쪽	요약
20. 겉모습에서 벗어나기	154	외양과 내부의 의식, 즉 외면적이고 물질적인 외양과 내면적이고 비물질적인 깊이를 인식한다. 모든 것은 의식의 차원에서 만들어진 내면에 있을 수 있다.
21. 현재를 따라잡을 수 있는 속도로 살아가기	160	우리가 하는 모든 일에는 어떤 속도가 있다. 문제는 그 속도가 우리에게 가장 유리한지, 그 속도에서 우리는 가장 진한 삶을 살아가고 있는지, 또 그렇게 느끼는지이다.
22. 현재의 힘 느끼기	166	생각의 회전목마가 빠르게 돌면 현재를 경험할 수 없게 된다. 하지만 현재는 거기에 머물러 있기 때문에 생각의 회전목마는 정지시키기 위해서는 우리의 관심을 현재로 돌려야 한다. 생각의 회전목마가 아주 빠르게 돌면 어떻게 그 회전을 멈출 수 있을지 생각해보자.

방법	효과	자기연구
1. 형식으로서의 나와 의식으로서의 나를 구분하자. 2. 형식으로부터 의식으로 옮겨갈 수 있는 것처럼 행동한다.	삶과의 유대감이 점점 증가한다.	_나 자신의 내면으로 향하는 것이 쉬운가? _다른 것의 내면으로 관심을 돌리는 것이 쉬운가?
1. 여러 가지 행위를 할 때 내 속도를 인지하고 그 속도가 내 삶의 강도를 최고로 높여주는지 확인한다. 2. 언제, 어떤 속도가 내게 가장 적합한 속도인지 자문한다.	빠름과 느림의 중간 속도로 경험하는 것이 가장 좋다.	_나는 성급한 편인가? _어떤 때 좋은 스트레스를, 어떤 때 나쁜 스트레스를 받는가? _어느 때 쓰레기더미나 수렁에 빠져 힘을 소진하는가? _탈출 방법은?
1. 어떤 소식이 방금 나를 스쳐갔으며 어떤 느낌이 들었나? 내용이 아니라 그 자체에 집중하자. 2. 현재에 닻을 내리기 위해 감각적 쾌락, 정신적 쾌락, 영혼의 쾌락에 충분한 배려를 한다.	현재의 힘이 우리 믿음의 밑거름이 된다.	_이런 순간적 경험에 관심을 돌리는 것은 얼마나 쉬운가? _내 삶에 더 많은 쾌락을 베풀 준비는 되어 있는가?

맴돌지 말고 하늘 높이 날자!